Claudia und Eberhard Mühlan

Is' was, Mama?

Kinder-Erziehung von der Vorschule bis zur Vorpubertät

Claudia & Eberhard Mühlan

Is' was, Mama?

Kinder-Erziehung von der Vorschule bis zur Vorpubertät

Schulte & Gerth

Wenn nicht anders angegeben, wurden die Bibelzitate der
Revidierten Elberfelder Bibel, Wuppertal 1986, entnommen.

© 1991 Verlag Klaus Gerth
© 2001 Gerth Medien GmbH, Asslar
1. Auflage der Sonderausgabe 2001

Bestell-Nr. 815 754
ISBN 3-89437-754-2
Umschlaggestaltung: spoon, Olaf Johannson
Illustrationen: Knut Thomas Adler
Satz: Typostudio Rücker, Linden
Druck und Verarbeitung: Ebner Ulm
Printed in Germany

Inhalt

Einführung

Mit diesem Buch möchten wir dir ein einfaches und durch und durch ermutigendes Konzept zum Familienleben in die Hand geben. Viele stellen sich Kinder-Erziehung schwer vor, besonders junge Eltern, die keine familiäre Harmonie und Geborgenheit erlebt haben. Sie müssen sich vieles selbst erarbeiten und können kaum auf eigene Erfahrungen zurückgreifen.

Kinder in ihr Leben zu begleiten, sie wachsen und reifen zu sehen, ist eins der schönsten und spannendsten Abenteuer, die man erleben kann. Damit es gelingt, brauchst du allerdings ein Konzept. Vom Menschenbild der Bibel her wollen wir dir als Erziehungsmodell das „Familienhaus" vorstellen: mit dem Fundament der bedingungslosen Liebe, einem Zusammenleben mit Unterweisung und Regeln und einer Begleitung in Form von Konsequenz und Disziplin.

Knut Adler, von dem die Illustrationen stammen, hat diese Idee in einem Bild eingefangen. Wir wünschen uns, daß dir dieses „Haus" immer vor Augen steht und dir deutlich macht: Erziehung von Kindern ist doch nicht so schwer und kann Spaß machen.

Zwanzig Jahre Familienleben liegen bereits hinter uns. Auf dreizehn Kinder haben wir es gebracht (sieben geboren und sechs angenommen). Das jüngste hat gerade laufen gelernt, während die ältesten bereits selbständig und aus dem Haus sind. Ständig haben wir Erfahrungen gesammelt, uns Ziele gesetzt und wieder verworfen und Jahr für Jahr Prinzipien im Umgang mit Kindern erarbeitet, die wir dir vorstellen wollen.

Sie sollen dazu dienen, dich mit deinem Ehepartner ins Nachdenken und ins Gespräch zu bringen, damit ihr beide zu einem gemeinsamen, entspannten Erziehungsstil finden könnt.

Für Alleinerziehende gibt es kein extra Konzept. Die Prinzipien und Ziele, die in diesem Buch beschrieben werden, gelten auch für Kinder, bei denen ein Elternteil ständig oder meistens abwesend ist. Wir sind Andrea Engel dankbar für die Anregungen, die sie als Betroffene beigetragen hat.

Was die Altersgruppe betrifft, baut dieses Buch auf dem Band „Bleib ruhig, Mama!" (Schulte & Gerth) auf: es geht um Kinder vom Vorschulalter bis in die Vorpubertät.

Der Titel „Is' was, Mama?" spricht zwar die Mütter an, aber es ist wohl klar, daß die Väter es genauso studieren werden! Deswegen haben wir, Claudia und Eberhard, es auch zusammen geschrieben.

Der Anfang unseres Abenteuers

Familienfeste sind ein guter Anlaß, Erlebnisse aus der Vergangenheit aufzuwärmen. So geschieht es bei uns immer wieder.

„Papa, erzähl mal von früher!"

„Ja, als ihr uns alle aufgenommen habt!" schallt es im Chor.

Wir rücken gemütlich zusammen, die Kleinen kuscheln sich erwartungsvoll an, und zum x-ten Mal kehren wir in Gedanken zu unseren Anfängen vor zwanzig Jahren zurück.

„Also, hört mal. Mama und ich, wir waren so richtig ineinander verliebt und glücklich verheiratet. Ich studierte an der Pädagogischen Hochschule, um einmal Lehrer zu werden, Mama arbeitete im Büro und sorgte für unseren Lebensunterhalt. Eigentlich wollten wir mit dem ersten Kind bis zum Ende meines Studiums warten, aber wir hatten solch eine Sehnsucht nach einem Baby, daß wir es früher wagten. Wir waren begeistert von Jesus und wußten, daß man mit ihm Abenteuer erleben kann. So beteten wir jeden Tag: ‚Herr, wir wollen dir dienen. Laß uns den Weg erkennen, den du für unser Leben vorhast …'

Und dann geschah etwas sehr Interessantes. Gott schickte euch, einen nach dem anderen, zu uns. Zuerst die Zwillinge. Mama war gerade mit Nico schwanger und trat ihren Schwangerschaftsurlaub an, da haben wir euch beide kurzerhand bei uns aufgenommen, weil ihr unbedingt ein Zuhause brauchtet. Da hockten wir mit euch Dreien in unserer winzigen Wohnung und fragten uns, wie es weitergehen sollte. Mama fiel als Alleinverdiener aus, und wir brauchten unbedingt eine größere Wohnung. Was haben wir gebetet!

Und dann hat uns Gott in dieses schöne, große Haus geführt, in dem wir heute noch leben. Ein Jahr lang durften wir mietfrei wohnen, bis ich mein erstes Gehalt als Lehrer bekam. Wir waren ganz platt. Mit solch einem Wunder hatten wir nicht gerechnet! Wir gingen durch dieses große Haus, und Gott sprach zu unseren Herzen: ‚Schaut mal, hier ist so viel Platz. Ihr sollt noch mehr Kinder aufnehmen.' Ein Wort Jesu ging uns nicht mehr aus dem Sinn: ,Wer eines dieser Kleinen aufnimmt in meinem Namen, der nimmt mich auf' (Matthäus 18,5).

So hat Jesus euch alle zu uns geführt. Das Jugendamt war inzwischen auf uns aufmerksam geworden. Alle paar Monate rief eine ältere Dame an und fragte, ob wir noch Platz für einen weiteren Notfall hätten. Diese Sachbearbeiterin stand kurz vor ihrer Pensionierung und wollte noch soviel elternlose Kinder wie möglich in einer guten Familie unterbringen.

Wißt ihr noch, wer als nächstes zu uns kam? Jedesmal zogen wir mit euch los, um den nächsten zu holen. Das war für das neue Kind eine große Hilfe. Gleich andere Kinder zum Spielen zu haben macht es ja leichter, sich in eine neue Umgebung einzugewöhnen.

Ja, so sind wir in einem guten Jahr ganz schnell zu einer achtköpfigen Familie angewachsen. Das jüngste Kind war gerade geboren und das älteste vier Jahre alt.

Das war vielleicht eine Herausforderung für Mama und für mich! Mama war zu der Zeit gerade 21 Jahre alt, und ich mußte mich auf meine Abschlußprüfungen vorbereiten. Aber wir wußten, daß dies Gottes Plan für unser Leben war und daß er uns die Kraft und Weisheit geben würde, euch gute Eltern zu sein."

Die Kerzen sind heruntergebrannt, die Kleinen können kaum noch ihre Augen aufhalten, und so muß der Erzählabend zu einem Ende kommen. Glücklich und dankbar im Blick auf alle Führungen und Bewahrungen Gottes sagen wir uns gute Nacht und drücken uns, und die Kinder verschwinden in ihren Zimmern.

Wir beide sitzen noch eine Weile zusammen und schwelgen weiter in Erinnerungen. Zwanzig Jahre sind seit dem Beginn unseres „Familienabenteuers" vergangen. Wie gesagt, auf dreizehn Kinder haben wir es gebracht (sieben geboren und sechs angenommen); die ältesten sind inzwischen selbständig und aus dem Haus. Die Runde am großen Eßtisch ist kleiner geworden.

Was waren unsere größten Herausforderungen?

Wir sind uns schnell einig: Die eine war die Frage nach der persönlichen Belastbarkeit und die andere die Suche nach dem richtigen Erziehungskonzept.

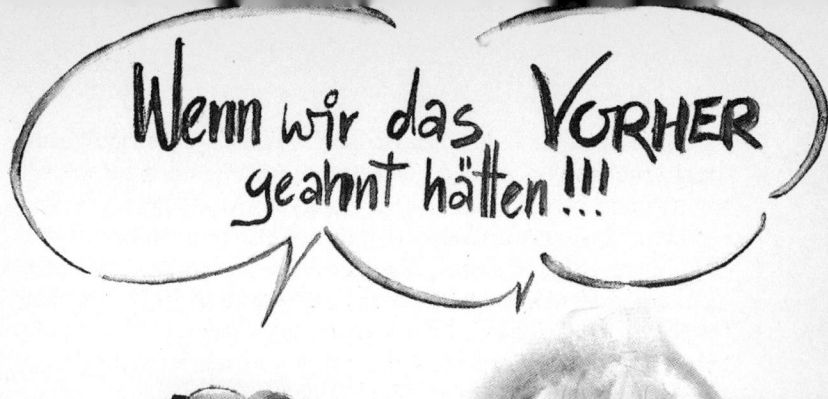

Für diese beiden Bereiche benötigten wir damals dringend eine Antwort. Und wir bekamen sie! Was die Belastbarkeit betrifft, erlebten wir ganz neu die Kraft und Zuversicht, die aus einer persönlichen Glaubensbeziehung zu Jesus Christus erwächst.

Auf der Suche nach dem richtigen Erziehungskonzept kam uns zu Hilfe, daß Eberhard an der Pädagogischen Hochschule mit allen gängigen, modernen Erziehungstheorien vertraut wurde und bestens Vergleiche ziehen konnte.

Das war für ihn ein ernüchterndes Wechselbad. Immerhin studierte er am Ende der „wilden" sechziger Jahre, das von den

Studentenunruhen geprägt war. Am Vormittag im Hörsaal ließ es sich großartig über die verschiedenen Erziehungsmodelle diskutieren. Aber kaum zu Hause angekommen, sprangen und krabbelten ihm sechs liebeshungrige Kinder um die Beine.

Uns wurde schmerzlich bewußt, daß zwischen Theorie und Praxis ein riesengroßer Unterschied besteht. Darüber hinaus machte uns eine gewisse Widersprüchlichkeit unter den verschiedenen Erziehungstheorien mißtrauisch. Uns fiel es schwer, eine einheitliche Linie zu finden. Wofür sollten wir uns entscheiden? Woher die richtigen Maßstäbe nehmen?

Gerade das verunsichert wissenshungrige Eltern. Geh nur einmal in eine Buchhandlung, und schau dir all die Titel zur Kinderziehung an: Der eine Autor sagt „hü", der andere „hott", und am Schluß weißt du noch weniger als vorher, wo es langgeht.

Dir ist sicherlich eins genauso klar wie uns: mit Kindern darf man nicht herumexperimentieren! Vielleicht ein halbes Jahr nach der „antiautoritären Methode", wenn die Rangen zu wild werden, schwenkst du für einige Monate auf den „demokratischen Erziehungsstil" um. Oder sollte man es lieber gleich mit Thomas Gordons „aktivem Zuhören" probieren?

So geht es nicht! Kinder sind keine Versuchskaninchen für progressive Erziehungstheorien. Jeder Tag im Familienleben beeinflußt ihr Denken und Verhalten.

Welches ist der richtige Weg?

Du kannst dir sicherlich vorstellen, wie uns als frischgebackene Eltern unter der Last der Verantwortung für sechs kleine Kinder zumute war. Da standen sie vor uns, die fragenden Gesichter der kleinen, verstörten Geschöpfe. Sie erwarteten Liebe und Lenkung. In unserer Not griffen wir nach der Bibel und studierten sie mit neuem Eifer.

Uns gingen die Augen über: Tatsächlich, Gottes Wort umreißt ein in sich schlüssiges und klares pädagogisches Modell zur Kinder-Erziehung, das sich hinter den Aussagen der modernen Pädagogik nicht zu verstecken braucht!

Den Schlüssel dazu fanden wir darin, daß unser Schöpfergott als ein Vater – vereinzelt auch wie eine Mutter (Jesaja 66,13) – vorgestellt wird und wir seine Kinder genannt werden. Dieser Gedanke begeisterte uns. Wir folgerten daraus: So, wie unser himmlischer Vater mit uns, seinen geistlichen Kindern, umgeht, so sollen wir als irdische Väter und Mütter lernen, mit unseren Kindern umzugehen.

Aber wie geht unser „Vatergott" mit uns um?

Da hat sicherlich jeder seine eigene Vorstellung, die stark von den jeweiligen Kindheitserfahrungen beeinflußt ist. Auf jeden Fall: Er ist liebevoller, zuverlässiger und gerechter, als es irgendein Vater oder irgendeine Mutter auf dieser Erde sein könnte!

In der Bibel liest du, daß er die vollkommene Liebe ist: „… Gott ist Liebe. Hierin ist die Liebe Gottes zu uns geoffenbart worden, daß Gott seinen eingeborenen Sohn in die Welt gesandt hat, damit wir durch ihn leben möchten" (1.Johannes 4,8+9). Gott will dich als sein Kind annehmen und dir tiefe Geborgenheit schenken.

Ein zweiter Wesenszug Gottes ist, daß er uns klare Regeln für das Zusammenleben gibt und uns über die positiven wie auch negativen Folgen unserer Entscheidungen nicht im unklaren läßt. So kannst du es in Psalm 32 lesen: „Ich will dich unterweisen und dich lehren den Weg, den du gehen sollst; ich will dir raten, meine Augen über dir offenhalten" (Vers 8).

Da unser Vater im Himmel weiß, daß wir uns manchmal störrisch und ungehorsam gebärden, wird er uns „Zaum und Zügel" anlegen, um uns auf dem rechten Weg zu halten. Das findest du in dem nächsten Vers desselben Psalmes: „Seid nicht wie ein Roß, wie ein Maultier, ohne Verstand; mit Zaum und Zügel ist seine Kraft zu bändigen, sonst nahen sie dir nicht."

Vielleicht befremdet es dich, daß du in der Bibel auch von dem Gericht und der Züchtigung Gottes liest. Das Gericht gilt den Gottlosen; die Züchtigung seinen Kindern, wenn sie seine Gebote, die ihnen zum Besten dienen, nicht befolgen.

Wenn du die Bibel durchblätterst, dann wirst du immer wieder auf diese drei Wesenszüge Gottes im Umgang mit dem Menschen stoßen. Dadurch wird sie zu einem packenden „pädagogischen Fachbuch" von den ersten bis zu den letzten Seiten.

Also, in gleicher Weise, wie Gott uns mit seiner Liebe begegnet, uns seine Unterweisung erteilt, uns aber auch züchtigt, sollen wir unsere Kinder lieben, sie unterweisen und auch disziplinieren, wenn es nötig ist.

Diese drei Grundgedanken einer biblisch begründeten Kinder-Erziehung findest du im Neuen Testament in Epheser 6,4 bestätigt: „Und ihr Väter, *reizt eure Kinder nicht zum Zorn*, sondern zieht sie auf in der *Zucht* und *Ermahnung* des Herrn."

Den ersten Ausdruck, unsere Kinder nicht zum Zorn zu reizen – das heißt doch, nicht ungeduldig, ungerecht und unbeherrscht zu sein – kann man auch positiv umschreiben: ihnen die nötige Wärme, Geborgenheit, Zuwendung und Liebe geben. Dann werden dazu die Begriffe „Ermahnung" und „Zucht" genannt.

Wenn du das eben Gesagte noch einmal durchdenkst, kommst du zu dem Schluß, daß das Wort Gottes uns Eltern ein einfaches, aber klar umrissenes Konzept zum Zusammenleben mit unseren Kindern nennt:

– Ein Fundament der bedingungslosen Liebe und der Geborgenheit,

– ein Zusammenleben mit Unterweisung und klaren Regeln
  sowie
– die elterliche Begleitung mit Konsequenz und Disziplin.

Das Bild von dem „Familienhaus" macht die Prioritäten und die Zuordnung dieser drei biblischen Prinzipien deutlich:

Wenn jemand ein Haus baut, fängt er dann mit dem Dach an? Das muß ja schiefgehen! Immer nur Druck, harte Worte und Disziplin, dagegen wenig Gespräche, Geborgenheit und Liebe – bei einem solchen Zusammenleben drückt das „Dach" schwer und verletzt die Seele eines Kindes.

Genauso verkehrt ist es, wenn du dir nicht genug Zeit nimmst, um den richtigen Grund zu legen. Wer lieblos und hektisch ein wackeliges „Fundament" hinsetzt, autoritär die Familienregeln in die Runde brüllt und darauf auch noch ein „Dach der Überwachung" knallt, braucht sich nicht zu wundern, wenn die Wände Risse bekommen und hinterher alles in sich zusammenstürzt.

Vor solch einer Katastrophe wollen wir dich bewahren. Es muß sehr bitter sein, am Ende eines Lebens auf einen Scherbenhaufen von Familienbeziehungen schauen zu müssen!

So ist es richtig: Verwende viel Zeit, Liebe und Einfallsreichtum auf den Bau deines Familienfundamentes. Je tiefer das Fundament gegründet ist, je stärker sich die Kinder angenommen und geborgen fühlen, desto williger werden sie auf deine Unterweisung hören und die Familienregeln akzeptieren. Befolgst du diese zwei Regeln, dann stimmt die „Statik", und das „Dach" der Konsequenz und Disziplin wird nicht schwer auf den Kindern lasten, sondern zu einer gesunden Persönlichkeitsentwicklung beitragen. Da sie sich geliebt fühlen und wissen, wie sie sich verhalten sollen, wird Disziplinierung nicht häufig vorkommen müssen.

Kannst du nachvollziehen, wie sehr uns dieses schlichte Modell eines „Familienhauses" begeistert hat? Mit diesem Konzept haben wir in den letzten zwanzig Erziehungsjahren gelebt. Es hat uns geholfen, zielgerichtet aber auch entspannt mit den Kindern umzugehen.

In diesem Buch wird es im wesentlichen um diese drei Bereiche gehen. Wir möchten dir viele praktische Tips geben, damit du dein „Familienhaus" mit Leben füllen kannst.

Zum Schmunzeln ein Dialog mit einer unserer Töchter:

„Sag mal, Papa, ist es schwer, Kinder zu erziehen?"

„Also, ich finde es nicht schwer. Aber für manche Eltern ist es nicht so einfach."

„Ach, Papa, ich bin stolz auf dich. Hättest du mich nicht so gut erzogen, dann wäre ich bestimmt so ein richtiges Biest. Wie die eine in unserer Klasse. Wie die mit ihren Eltern umspringt, und was die für Wörter in den Mund nimmt. ... Die sollten wir uns mal für ein halbes Jahr ausleihen. Sie würde ein Engel werden ..."

Teil I
Familienatmosphäre –
das Fundament
aller Beziehungen

Eine angenehme Familienatmosphäre – was stellst du dir darunter vor?

Manch einer wird sich nur wenig oder gar nichts darunter vorstellen können, einfach, weil er so etwas in seiner Ursprungsfamilie selten oder überhaupt nicht kennengelernt hat.

Dann sollten wir zusammen davon träumen: Familienatmosphäre heißt doch, daß man miteinander Spaß haben kann, daß viel gelacht wird, daß Mama und Papa genauso gut herumtollen und auch mal toben können wie die Kinder. Dazu gehören Achtung und Wertschätzung, die die Eltern den Kindern zeigen, aber auch die Kinder den Eltern. Kinder, die so aufwachsen, bewundern und verehren in der Regel ihre Eltern. Bei einem gesunden Familienklima wird viel erzählt, viel Ermutigung und Anerkennung ausgesprochen. Es wird viel geschmust, ein Kind wird sich rundum geborgen und glücklich fühlen – und die Eltern erst recht! Sie genießen nämlich die Früchte ihrer Hingabe an die Familie. Das Zusammenleben ist keine Last, sondern Freude und Lebenserfüllung.

Der Grundstein dieses Fundamentes ist die „bedingungslose Liebe", eine Liebe, bei der Zuwendung nicht an Bedingungen geknüpft ist.

Verhält sich ein Kind angepaßt und befolgt es alle Anweisungen der Eltern, fällt es nicht so schwer, diese Liebe zu verwirklichen. Aber was ist, wenn es bockig ist, herummault und sich nicht an die Familienregeln hält? Selbst wenn Eltern schimpfen und disziplinieren, muß sich das Kind noch geschätzt und geachtet wissen. Die Maßregeln dürfen sich niemals gegen das Wertgefühl des Kindes richten – zum Beispiel durch Schimpfworte oder Wutausbrüche –, sondern lediglich auf das falsche Verhalten. Das zu verwirklichen ist schon ein gewisses Kunststück.

Na, sind dir beim Träumen die Augen feucht geworden? Das sind vielleicht alles Dinge, nach denen du dich in deiner Kind-

BAUVORHABEN

Das Haus
der Liebe
und Disziplin

DAS FUNDAMENT
der bedingungslosen Liebe und der
Geborgenheit, der Achtung und
des Respekts vor Gott und
den Familienmitgliedern

heit immer gesehnt, sie aber schmerzlich vermißt hast. Willst
du sie jetzt auch deinen Kindern vorenthalten? Wir werden dir
helfen, dieses Fundament für euer „Familienhaus" zu bauen.

Wenn wir auf unsere Kinder schauen, die vergangenen Jahre
vor unseren Augen abrollen lassen und uns fragen: „Was war
das wichtigste?", dann haben wir beide die gleiche Antwort:
unsere Familienatmosphäre! Und zwar so, wie wir es eben ge-
schildert haben. Sie hält eine Familie auf Dauer zusammen, sie
macht Unterweisung leicht und angenehm, sie bewahrt vor
harter Disziplin und läßt Eltern und Kinder ein ganzes Leben
lang gute Freunde bleiben.

Mag sein, daß uns manch ein Leser als zu sentimental einstu-
fen wird. Aber Kinder wachsen heutzutage in einer so kalten,

angstmachenden und kinderfeindlichen Welt auf, daß die Familie unbedingt eine Oase der Geborgenheit sein muß. Hier muß das Kind wieder auftanken können für die Bewährungsprobe in seiner Umwelt.

Familienatmosphäre zu schaffen fällt Eltern am schwersten. Viele wollen lediglich Tips haben, wie sie ihre Rangen schön brav und ruhig halten können, und übersehen das Fundament, das erst gebaut werden muß.

Denk nicht, daß es uns leichtgefallen ist. Auch für uns haben sich diese „bedingungslose Liebe" und selbstlose Hingabe, die nun einmal zum Bau eines Familienfundamentes gehören, als größte persönliche Herausforderungen gezeigt – nicht so sehr die mehr technischen Fragen zu Unterweisung und Konsequenz. Die Antworten dazu kann man sich anlesen und einüben. Aber Familienatmosphäre zu schaffen und zu erhalten greift die persönliche Substanz an, fordert dich ganz.

Nun, wir haben unseren Stil gefunden und auch die Kraftquellen entdeckt, ihn zu verwirklichen. Das wollen wir dir nicht vorenthalten.

Die wichtigen Drei

Worauf muß beim Bau dieses Fundamentes der „bedingungslosen Liebe" insbesondere geachtet werden? Dazu gäbe es viel zu sagen, aber wir wollen lediglich drei wesentliche Bereiche herausgreifen.

Du wirst dich sofort in Frage gestellt fühlen, denn alle drei sind heutzutage Mangelware. Und gerade das Fehlen dieser drei wirkt wie ein schleichendes Gift, das Ehen und Familien zerstört.

Hier sind sie, die „wichtigen Drei":

- Zeit
- Zuwendung
- Einfallsreichtum

Na, haben wir recht gehabt? Wer hat in unserer gestreßten Gesellschaft überhaupt noch Zeit? Es ist ein Wahnsinn, wie Menschen von Terminen und Ansprüchen gelebt werden. Diejenigen, die am meisten darunter leiden, sind die Kinder, ganz abgesehen von dem gesundheitlichen und psychischen Ruin, dem sich die Eltern aussetzen.

Zuwendung? Wer ist heute überhaupt noch in der Lage und bereit dazu, aufrichtig und selbstlos Zuwendung zu geben? Christen müßten da wohltuend auffallen. Wir sind eine kranke Gesellschaft. Die einen denken nur an sich, und die anderen brauchen ständig Ermutigung und Liebe, damit ihr Ego nicht zusammenbricht. Da wirken Kinder doch nur störend!

Tja, und dann auch noch Einfallsreichtum! Manch einer ist so abgestumpft durch den täglichen Trott oder Streß in der Firma beziehungsweise im Haushalt, daß er eine regelrechte Mattscheibe hat – ihm fällt nichts mehr ein als der matte Druck auf die besagte Scheibe, sprich Fernseher.

Nimm dir Zeit!

Haben wir eben übertrieben? Unsere Beobachtung und unsere Erfahrung sagen uns nein! Eltern meinen, Kindersorgen und -bedürfnisse so nebenbei erledigen zu können, und übersehen dabei, daß es in Zukunft immer schwerer sein wird, eine harmonische Familie zu bauen.

Zusätzlich zu den eben genannten Unzulänglichkeiten der Eltern kommen noch viele gefährliche Miterzieher, die nach der Seele deines Kindes greifen und einen Keil in eure Familienatmosphäre treiben wollen.

Nun ist unsere Absicht, ein durch und durch ermutigendes Buch zum Familienleben zu schreiben. Darum werden wir dir Zahlen und Statistiken zu dem Elend in Familien ersparen. In Eberhards Buch „Kinder in der Zerreißprobe – der anti-christliche Angriff auf die Familie" (Verlag Schulte & Gerth) führt er wichtige Fakten und Lösungsmöglichkeiten auf. Es lohnt sich, dort hineinzuschauen.

Aber bitte, halte dir vor Augen, daß nicht nur du Einfluß auf deine Kinder ausübst, sondern daß es viele „Miterzieher" gibt, die dir bei deiner Erziehungsaufgabe unter die Arme greifen wollen: Kindergarten, Spielkreis, Schule, Sportverein, Klassenkameraden, Freunde, Zeitschriften, Schallplatten, Fernsehen, Kino, Werbung – sie alle räumen sich das Recht ein, deinem Kind Werte und Normen mitzugeben.

Manche Eltern fragen sich verstört: „Wer erzieht und beeinflußt mein Kind eigentlich mehr? Wir zu Hause oder alle anderen?"

Vielleicht hakst du in einer ganz normalen Arbeitswoche einmal die Stunden ab, die du tatsächlich mit deinen Kindern verbracht hast – wo du mit ihnen geplaudert und gescherzt hast, wo ihr miteinander gebastelt oder etwas repariert oder einfach entspannt miteinander geschmust habt.

Welche Bilanz wird sich ergeben? Bei manchen Eltern werden es nur ganz wenige Stunden sein, und in der restlichen Zeit wirken andere auf deine Kinder ein. Ist diese Beeinflussung immer in deinem Sinne?

Kinder sind einem gezielten Entfremdungsprozeß von ihren Eltern ausgesetzt. Du mußt einen Lebensrhythmus für deine

Die Mit-Erzieher

Familie finden, bei dem die Kinder nicht zu kurz kommen. Dabei muß sich auch der Vater kreativ eingeben!

In einem Artikel haben wir einmal eine Aufrechnung gelesen, die zum Nachdenken anregt: „In Wahrheit haben Eltern ihr Kind nur für eine kurze Zeitspanne ihres Lebens, sagen wir, von der Geburt bis etwa zum 18. Lebensjahr. Danach ändert sich die Verantwortung einschneidend. Wenn man zwei Stunden Zeit pro Tag für ein Kind berechnen würde (für viele eine sehr großzügige Zeitspanne), dann kommt man gerade auf 547 volle Tage, die verbleiben, um Eltern zu sein."

So ist es! Die Entwicklung eines Kindes – besonders eines Kleinkindes – verläuft so rasend schnell, daß manche Eltern die einzelnen Altersstufen gar nicht richtig auskosten. Plötzlich sind die Kinder groß, und tiefe Reue über die verpaßten Gelegenheiten durchzieht die Eltern.

Nimm dir vor, jede Altersstufe zu genießen; sie wird unwiederkehrbar vorübergehen!

„Ich habe einfach keine Zeit!" stöhnen viele Eltern, insbesondere Väter und berufstätige Mütter. Aufrichtiger wäre zu sagen: „Ich nehme mir keine Zeit." Oder: „Ich habe eine schlechte Zeiteinteilung." Denn jeder von uns hat gleich viel Zeit – 24 Stunden pro Tag. Der Unterschied liegt in der Art und Weise, wie wir sie nutzen.

Mit diesem Buch möchten wir dir die Dringlichkeit vor Augen malen, Zeit für deine Kinder einzuplanen. Wir wollen dir aber auch so richtig Geschmack machen, neue Prioritäten für deine Familie zu setzen. Denn wenn es nicht ein Herzensbedürfnis wird, bleibt es doch nur Krampf.

Wenn du *uns* fragst: Es gehört zu den schönsten und lebenserfüllendsten Aufgaben, ein Leben mit stets größer werdenden Kindern zu gestalten!

Wieviel Zeit braucht ein Kind?

Die Antwort ist einfach: „So viel, daß es ausgeglichen ist und sich wohl fühlt!"

Ähnlich ist es mit der Frage nach dem Schlaf, den ein Mensch benötigt. Eine vernünftige Antwort lautet doch: „So viel, daß er ausgeruht und vital seinen Verpflichtungen nachgehen kann."

So, wie Menschen je nach Energie und Anspannung unterschiedlich viel Schlaf brauchen, so benötigen Kinder je nach Alter, Persönlichkeit und Lebensumständen unterschiedlich viel Zeit und Zuwendung. Das herauszufinden sowie einen eventuellen Mangel schnell wieder aufzufüllen gehört zur Aufgabe der Eltern.

„Woran merkt man aber, daß ein Kind nicht genügend Zeit

und Aufmerksamkeit bekommt?" werden wir manchmal gefragt.

Dann zählen wir eine ganze Liste von Symptomen auf, die unter anderem auf Zeitmangel zurückzuführen sind:

– Wenn ein sonst aufgeschlossenes Kind plötzlich bedrückt und schweigsam wird.
– Wenn es viel nörgelt und sich beschwert, oft allein zu sein.
– Wenn es seine Geschwister oder das Haustier ärgert, um Aufmerksamkeit zu bekommen – und sei es nur den Ärger seiner Eltern.
– Wenn es sich zu viel mit anderen auf der Straße herumdrückt und keine Kommunikation mehr da ist.
– Wenn es nicht abwarten kann, weil es zu oft enttäuscht worden ist.
– Wenn es sich bei einem Besuch ständig in den Vordergrund drängt und laufend ins Wort fällt.

Manche Eltern versuchen, diesen Mangel mit einer Diskussion über Qualität und Quantität der mit Kindern verbrachten Zeit zu vertuschen.

Natürlich sind zwei Stunden, gefüllt mit Gesellschaftsspielen, Erzählen, Schmusen und Lachen qualitativ sehr wertvoll und besser genutzt als ein langer Tag, an dem die Kinder nur im Weg zu stehen scheinen und herumkommandiert werden.

Doch solche Eltern denken, sie gäben ihren Kindern „Qualitätszeit", obwohl sie dieses Argument lediglich vorschieben, um immer weniger Zeit mit ihnen zu verbringen.

Unser Ratschlag an dich: Plane, trotz aller unterschiedlichen Bedürfnisse deiner Kinder, regelmäßig Zeit für Familienaktivitäten!

Bei Eltern, die meinen, so etwas spontan regeln zu können, kommt doch immer wieder etwas dazwischen – und die Kinder sind dann die letzten auf der langen Liste.

Es gibt die unterschiedlichsten Möglichkeiten, wie du dir Zeit herausschneiden kannst. Wir kennen Mütter, die sich im Verlauf einer Woche bemühen, jedem Kind eine Extra-Zeit zu widmen, in der das Kind Wünsche äußern darf, was es allein mit Mama tun möchte.

Wir haben einen Vater kennengelernt, der die erste Stunde nach Feierabend – für ihn ist es die Zeit von fünf bis sechs – seinen Kindern widmet und so seiner Frau eine Entspannungspause gönnt.

Ein anderer Vater läßt es sich nicht nehmen, seine Kinder jeden Abend zu Bett zu bringen, aber mit einer ausgedehnten „Zubettgeh-Zeremonie" wie Vorlesen, Kuscheln, Singen und Beten.

Einkäufe und Erledigungen verlaufen in der Regel hektisch, weil man sich vornimmt, in kurzer Zeit viel zu schaffen. Wollen dann die Kinder mitkommen, verläuft es entsprechend chaotisch: „Kannst du nicht ein bißchen schneller gehen?", „Tanz mir nicht immer vor den Füßen herum!", „Jetzt haben wir keine Zeit zum Gucken, wir müssen weiter." Das sind noch gemäßigte Elternsprüche.

Einkaufen mit Kindern? Da haben wir vollkommen umgedacht. Haben wir es wirklich eilig, dann lassen wir aus Barmherzigkeit zumindest die jüngeren zu Hause. Aber das ist selten.

Geht Claudia mit den Kindern in die Stadt, dann läuft alles halt langsamer. Du nimmst dir nicht so viel vor, kannst sogar eine Verschnaufpause einlegen und die Welt mit Kinderaugen betrachten. Das ist ein ganz neues Abenteuer, und es gibt unwahrscheinlich viel zu lernen. Wenn sich dann eins der größeren Kinder vertrauensvoll in den Arm hängt, hat man noch eine großartige Zeit zum Plaudern.

Für Eberhard, der sehr flink ist und in der Regel zwei Sachen gleichzeitig machen möchte, sind Kinder Anlaß und Ermahnung, bewußt langsamer zu treten. Bei allen Erledigungsfahrten, ob zur Post, zur Bank oder zum Heimwerkermarkt, hat er einige im Auto sitzen.

Es kann schon ein unmutiges Kribbeln bewirken, wenn so eine Vierjährige ganz gemächlich aus dem Auto krabbelt, zuvor erst noch die Puppen auf der Ablage schlafen legen muß und nach der Mütze sucht. Er nutzt die Zeit, um ein Lied zu summen, tief Luft zu holen und diesen kleinen Erdenbürger bewußt zu betrachten. „Ist solch ein Kind nicht ein einzigartiges Wunderwerk?" geht es ihm durch den Kopf. Stolz stellt er sie bei der Bank als seine kleine Sekretärin vor, die ihn auf allen Wegen begleitet.

Sicherlich hast auch du eine ganze Menge zu tun, und nicht immer kommen die Kinder mit ihren Fragen oder Anliegen gelegen. Aber es hinterläßt einen vernichtenden Eindruck, wenn Eltern ständig sagen: „Ich habe keine Zeit." Und: „Jetzt nicht, später vielleicht ..." Oder gar: „Du gehst mir mit deinen ständigen Fragen auf die Nerven." Und sie merken in ihrem Streß noch nicht einmal, welch ablehnende Haltung sie eingenommen haben.

Wenn du dir wirklich keine Zeit nehmen kannst oder magst, dann begründe es sachlich und ruhig. Vertröstest du ein Kind auf später, merk es dir gut, und halte dein Versprechen. Mit deinen Zusagen mußt du für dein Kind vertrauenswürdig bleiben. Sonst kann es sein, daß es aufgibt und sich resignierend zurückzieht oder ein ständiger, respektloser Nörgler wird.

Setz dir Ziele!

Wenn deine Zeit begrenzt ist, dann ist es um so wichtiger, sich Ziele zu setzen, etwa: „Jetzt habe ich zwar nur eine Stunde Zeit. Ich will sie aber ausschließlich meinem Sohn widmen."

Fasse dann ganz einfache Vorsätze: „Ich möchte mehr über mein Kind erfahren. Ich will wissen, was es zur Zeit am liebsten liest, was das Meerschweinchen macht und wie es seinen Freunden geht."

Laß dich von den überraschenden „Zeitkillern" nicht nervös machen: Du bist mit einem Kind unterwegs, und dann gibt es den endlosen Stau in der Innenstadt, die lange Wartezeit beim Kinderarzt oder das unerträgliche Schlangestehen auf den Ämtern. Sag dir: „Ich muß mich entscheiden! Entweder, ich schimpfe, oder ich entspanne mich und nutze die Zeit mit dem Kind." Lächle es an, und beginn mit dem Spiel „Ich sehe was, was du nicht siehst ..."

Gerade, wenn Zeit knapp ist, sollten Eltern das kurze Zusammensein mit den Kindern um so aufmerksamer und intensiver gestalten. Das fordert aber sehr viel, denn in der Regel ist man bei Zeitknappheit auch gestreßt und nervös. Dann hilft nur ein Gebet, ein bewußtes Abschalten von den Berufssorgen und ein frisches Sicheinstellen auf das Kind. Schau es ganz bewußt an, und freu dich über Kleinigkeiten.

Vor allem, sei mit deinen Zusagen verläßlich, und laß dein Kind spüren: „Mein Vater, meine Mutter, sie nehmen sich Zeit für mich.“

Sind etwa die Telefonanrufe, die Überraschungsbesuche, die plötzlichen Verpflichtungen dringender als dein Versprechen, mit den Kindern zu spielen?

Wenn wir bei einem gemeinsamen Spiel oder bei unserer Familienandacht durch einen Telefonanruf gestört werden, sagen wir manchmal, daß wir jetzt nicht antworten können und später zurückrufen. Die Kinder genießen unsere ungeteilte Aufmerksamkeit und sehen sich bestätigt: „Wir sind Mama und Papa wirklich wichtig.“

Bemühe dich, einen Höhepunkt pro Woche zu schaffen, am besten am Wochenende. Wenn da zuviel los ist, wie bei vielen engagierten Christen, dann richte in der Woche einen Familiennachmittag bzw. -abend ein, an dem ihr einiges gemeinsam unternehmt.

Und dafür laßt euch etwas einfallen: ein Besuch im Zoo, Herumtollen im Garten, gemeinsames Basteln an den Fahrrädern mit anschließender Fahrradtour, ein gemütliches Kuscheln und Vorlesen vorm offenen Kamin …

Wenn dir die Ideen ausgehen sollten, denk nur einmal an das zurück, was du als Kind gern mit deinen Eltern angestellt hättest und wozu sie damals keine Zeit hatten. Oder frage deine Kinder! Es ist sowieso gut, Familienunternehmungen in der ganzen Runde zu besprechen und zu planen.

In seiner sehr aktiven Zeit, in der Eberhard auch an Wochenenden viel zu Vorträgen unterwegs war, hatte er von vornherein den Mittwochnachmittag und -abend in seinem dicken Zeitplanbuch angekreuzt. Den Termin durfte ihm keiner stehlen.

Und wenn dann jemand sagte: „Eberhard, am Mittwochnachmittag, da brauchen wir dich unbedingt zu einer wichtigen Besprechung!", schlug er verschmitzt lächelnd seinen Terminer auf, runzelte die Stirn und murmelte: „Oh, tut mir leid, hier steht schon eine ganz wichtige Verabredung."

Was für eine, hat er sicherheitshalber nicht gesagt. Denn nicht jeder hätte Verständnis gehabt, daß ein gefragter Mann eine so starke Priorität für die Zeit mit seinen Kindern setzt.

Und wenn sie nicht wollen?

Wir haben bis jetzt lediglich darüber gesprochen, daß Eltern sich für die Kinder Zeit nehmen sollen. Eins haben wir übersehen, nämlich, daß Kinder ja auch ihr Leben planen. Sie haben nicht immer gerade dann Zeit oder Lust, wenn ein gestreßter und schuldbewußter Vater sich ihrer erbarmen will – womöglich haben sie sich zu dieser Zeit schon mit Freunden verabredet, oder der Vater macht einen Vorschlag, der mehr seinen als ihren Interessen entspricht.

Das kann eine herbe Enttäuschung geben! Also, nicht nur

der Terminplan und die Wünsche der Eltern, nein, auch die Interessen der Kinder müssen berücksichtigt werden.

Wenn es so weit gekommen ist, daß die Kinder grundsätzlich lieber mit ihren Freunden zusammensein wollen als mit den Eltern und nur maulen, wenn eine Familienrunde einberufen wird, stimmt etwas am Fundament des „Familienhauses" nicht mehr. Dann müssen die Eltern ihren Umgangsstil mit den Kindern neu durchdenken und Beziehungen neu aufbauen.

Beantworte dir einmal aufrichtig folgende Fragen:

– Gehe ich altersgemäß auf meine Kinder ein?
– Haben sie Langeweile bei unseren Unternehmungen, weil ich mehr meine Interessen sehe als ihre?
– Wie sprechen wir überhaupt miteinander: Brauchen sie mehr Humor, mehr Ausgelassenheit und Wertschätzung?
– Muß ich mich stärker in die Welt der Kinder hineinversetzen?

Wenn du dir jetzt über deinen Umgangsstil nicht mehr sicher bist, dann setz dich mit deinen Kindern zusammen, tragt die einzelnen Wünsche zusammen und beratschlagt, was ihr unternehmen könnt, damit jeder Freude haben kann.

Für eine kleinere Familie kann es eine große Hilfe sein, wenn das Kind seinen Freund oder seine Freundin bei den Ausflügen mitnehmen kann. Claudia war in ihrer Familie das älteste Kind mit zwei jüngeren Brüdern. So fühlte sie sich bei Familienaktivitäten stets allein. Gut, daß ihre Eltern ihr den Vorschlag machten, ihre beste Freundin mitzunehmen.

Eine andere gute Idee ist, sich mit einer Familie oder mit mehreren anderen zusammenzutun, die Kinder in etwa dem gleichen Alter haben. Es kann ein Riesenspaß werden, in solch einer Gruppe zusammen bei einer Schnitzeljagd durch den Wald zu toben. Da tun sich Möglichkeiten auf, die eine einzelne Familie gar nicht wahrnehmen könnte.

Entspanne dich!

Noch eins, was wir an eifrigen Eltern mit wenig Zeit beobachtet haben: Sind sie schließlich mit ihren Kindern zusammen, dann steht ständig ein gewisser Druck im Raum. „Meine Zeit, die ich dir gebe, ist sehr kostbar und muß sinnvoll genutzt werden!"

Wir haben Väter gesehen, die beim Spielen mit Bauklötzen penibel darauf achten, daß ihre Bauwerke wie an einem Lineal gezogen ausgerichtet sind. Oder Mütter, die sich immer schulmeisterlich geben: ständig gibt es etwas zu korrigieren, nie ist es gut genug.

Wir wissen nicht, zu welchem Elterntyp du neigst, aber denk daran: Dein Kind braucht unbedingt Zeiten mit dir, in denen nichts von ihm erwartet wird. Momente, in denen ihr nur aus Freude aneinander zusammen seid, ohne Ermahnung, Korrektur und Lernziele!

Entspannte Zeit mit Kindern zu finden sollte uns leichter fallen als unseren Eltern und Großeltern damals. Denk nur einmal an die Haushaltsgeräte, die einer modernen Mutter die Arbeit erleichtern und Zeit sparen helfen. Unsere Väter hatten als Arbeiter und Angestellte noch eine Sechstagewoche. Vielen Selbständigen geht es zwar heute noch so, aber manche Väter beginnen heute schon Freitagmittag ihr freies Wochenende – und trotzdem wird unter Zeitmangel gestöhnt.

Übrigens, dich mit deinen Kindern zu entspannen, dich sportlich zu betätigen und in der frischen Luft zu toben kommt auch dir zugute. Dein Körper und deine Psyche brauchen diese Abwechslung. Sieh es auch unter diesem Aspekt: Nimm dir Zeit für deine Kinder, und du lebst länger – bestimmt aber fröhlicher!

Im Anschluß an die meisten Abschnitte folgt, wie jetzt, eine Zusammenfassung in Form von Merksätzen und Thesen, die mit Fragen und Aufgaben vertieft werden. Nimm dir die Zeit, sie mit deinem Ehepartner oder auch mit anderen Eltern aufmerksam und aufrichtig durchzuarbeiten und sie auf deine spezielle Familiensituation zu beziehen.

Eine großartige Idee wäre, nach dem Studium dieses Buches ein ganzes „Arbeitswochenende" zu nehmen, um die Thesen, Fragen und Aufgaben noch einmal im Zusammenhang durchzuarbeiten.

ZUM NACHDENKEN UND DISKUTIEREN

- Ein Kind braucht so viel Zeit und Aufmerksamkeit, daß es ausgeglichen ist und sich wohlfühlt!
Frage: Woran kannst du merken, ob dein Kind darin zu kurz gekommen ist?
Aufgabe: Geh die Symptom-Liste auf Seite 27 noch einmal durch und beziehe die Aussagen auf deine Familie.
- Plane, trotz aller unterschiedlichen Bedürfnisse deiner Kinder, regelmäßig Zeit für Familienaktivitäten!
Frage: Wie kannst du deine Zeit für die Kinder besser nutzen?
Aufgabe: Notiere Ziele, wie du knappe Zeit besser nutzen und „Zeitkiller" entschärfen kannst!

Halte sie in deinen Armen!

Stelle dir immer wieder vor Augen, daß Kinder ganz elementare Bedürfnisse haben: sie hungern nach Liebe und Geborgenheit, sie sehnen sich nach aufrichtiger Wertschätzung und nach Anerkennung ihrer Fähigkeiten.

All dies zu geben fällt Eltern schwer. Die einen stöhnen, daß sie dies als Kinder selbst nicht erfahren hätten und gar nicht wüßten, wie sie es anstellen sollten. Andere leben so sehr in ihrer Erwachsenenwelt, daß sie gar nicht auf das kommen, was Kinder eigentlich brauchen.

Um es gleich vorweg zu sagen: Wenn du willst, daß deine Kinder lebensbejahend und mit einem gesunden Selbstwertgefühl aufwachsen, dann müssen diese Grundbedürfnisse befriedigt werden!

Augen- und Körperkontakt

Zwei Dinge sind dafür ganz wichtig: Augenkontakt und Körperkontakt!

Fällt es dir leicht, dein Kind in die Arme zu nehmen und deinen Blick liebevoll in seinen Augen ruhen zu lassen?

Manche haben keine Probleme damit, andere kostet es eine Riesenüberwindung, und noch andere denken aus Oberflächlichkeit oder Hektik nicht daran, wie auch Eberhard früher.

Eine Szene aus unserem jungen Familienleben: Eberhard stürmt, von der Schule nach Hause kommend, die Treppe hoch. Die Jüngste streckt ihm am Treppenabsatz erwartungsvoll die kleinen Ärmchen entgegen. Ein kurzes Wuscheln über den Kopf, schon steht er in der Küche und ruft: „Hallo! Ich bin da! Sag mal, hat jemand angerufen? Wo liegt denn nur die Post?"

Claudia schaut sich die hektische Szene an und sagt bedächtig: „Jaja, Post und Telefon, das ist wohl das wichtigste für dich."

Das saß, und Eberhard wollte umlernen. So etwas ist nicht leicht, aber Schritt für Schritt ist es möglich.

Wenn er jetzt die Treppe hochstürmt, und die Jüngste steht mit ausgestreckten Ärmchen da, dann hält er inne und möchte dieses köstliche Bild für immer in seinem Herzen bewahren. Er nimmt sie auf seine Arme, wiegt sie, schmust mit ihr, fragt, ob es ihr gutgeht, und hüpft mit der Kleinen in die Küche. Da steht sein Schatz. Er schaut ihr tief in die Augen, gibt ihr einen innigen Kuß, plaudert, und nach einer Weile fragt er dann so nebenbei: „Sag mal, hat eigentlich jemand angerufen …?"

Eine andere Alltagsszene: Da sitzt du im Sessel und liest endlich deine Zeitung. Schon tapert dein Fünfjähriger herein: „Guck, Papa, was ich gemacht habe." Papa guckt nicht, sondern grunzt hinter der Zeitung: „Schön hast du's gemacht." Ein verzweifelter Aufschrei: „Aber du hast doch gar nicht geguckt, Papa!"

Jetzt ist es aber höchste Zeit, dir alle Prinzipien zu „Zeitnehmen" und „Zuwendung" noch einmal ins Gedächtnis zu rufen. Also, die Zeitung zur Seite, den Kleinen angestrahlt, ihm in die Augen geschaut, ihn auf den Schoß gezogen: „Jetzt will ich mir das aber mal in Ruhe anschauen …"

Hättest du auf die Uhr geguckt, wären gerade drei bis fünf Minuten vergangen, bis der Kleine sich glücklich und stolz davongetrollt hätte.

Deine Liebe zu dem Kind muß ankommen, tief in seinem Herzen verankert bleiben. Eltern schlucken bitter, wenn ein Heranwachsender ihnen entgegenschleudert: „Ihr habt mich nie geliebt!" Und ob sie das Kind geliebt haben! „Was haben wir nicht alles für dich getan …", protestieren sie hilflos. Aber das Drama ist: ihre wohlgemeinte Liebe ist nicht angekommen.

Ein Vater, der das erkannt hatte, berichtete von einem Gespräch mit seinem sechzehnjährigen Sohn: „Papa, du hast mir noch nie gesagt, daß du mich liebst", bemerkt der Junge bei einem Spaziergang. Der Vater zuckt betroffen zusammen: „Du hast recht. Weißt du, mein Vater hat es auch nie zu mir gesagt. Es fällt mir so schwer, das auszusprechen, obwohl ich dich wirklich liebhabe."

Vergewissere dich immer wieder, ob deine Zuwendung und Liebe auch ankommt. Du kannst deinem Kind nicht oft genug aufrichtig und warmherzig sagen: „Du, ich hab' dich lieb. Schön, daß es dich gibt!" oder: „Ich bin gespannt, was Gott einmal mit deinem Leben vorhat." Finde deine eigenen Formulierungen, die dem Empfinden deines Herzens entsprechen. Aber – sag es deinem Kind!

Such auch genügend körperlichen Kontakt mit deinem Kind. Ein Baby oder ein Kleinkind zu knuddeln, fällt kaum einem schwer. Dieses Hemmnis setzt erst ein, wenn ein Kind etwas älter wird; dabei hat es dies dann genauso nötig. Leg den Arm auf die Schulter deines heranwachsenden Jungen, wenn du ihm etwas zu sagen hast. Umarme deine Tochter, wenn sie aus dem Haus geht. Such immer wieder Möglichkeiten zu einer leichten, wertschätzenden Berührung, wenn du mit einem Kind zusammen bist.

Nicht jedes Kind mag einen intensiven Körperkontakt. Wenn du so eins hast, dann nimm darauf einfühlsam Rücksicht. Ein Klaps auf die Schulter oder ein fröhliches Zuzwinkern kann die gleiche Wertschätzung ausdrücken. Nur nicht aufdringlich werden, sondern das Kind so nehmen, wie es geartet ist! Aber Zuwendung brauchen sie alle, die offenen wie die verschlossenen.

Ist dieses Bedürfnis gesättigt, dann müssen sie nicht, wie andere, ständig aus der Rolle fallen oder durch Aufdringlichkeit um Beachtung kämpfen.

Hauptsächlich durch Gedankenlosigkeit versäumt man die vielen guten Gelegenheiten der körperlichen Nähe. Es ist jedesmal neu eine Entscheidung: Ich will dem Kind diese Aufmerksamkeit und Geborgenheit schenken! Aber mit der Zeit wird daraus eine gute Gewohnheit.

Während eines Gottesdienstes – wir haben einen recht freien, kinderfreundlichen Gottesdienst – gelingt es Eberhard, mindestens fünf Kindern den körperlichen Kontakt zu geben. Während der ersten halben Stunde sitzt die Kleinste auf seinem Schoß, und rechts und links von ihm sitzen zwei andere. Wenn dann die Jüngeren in ihre Kinderstunde gehen und die Plätze zur Rechten und zur Linken frei werden, rücken die Älteren nach. Bei der Predigt lehnen sie sich bei ihm an, oder er hat seine Arme um ihre Schulter gelegt.

Spaß und Humor

Spaß und Humor gehören mit zu den machtvollsten Einflüssen im Familienleben. Du kannst damit Familienregeln leichter einführen und Disziplin besser auffangen.

Christen haben ohnehin allen Grund, eine optimistische Haltung einzunehmen, und sollten in der Lage sein, einen gesunden Humor zu entwickeln.

Wenn du an deine Kindheit zurückdenkst, ist es dann nicht so, daß gerade die Momente, wo du mit deinen Eltern Spaß gehabt hast, wo ihr gescherzt und miteinander getobt habt, einen ganz festen Platz in deinem Erinnerungschatz haben? Da denkst du doch gern dran zurück, oder? Da wird dir sogar wehmütig ums Herz.

Unbeschwerter Frohsinn und Humor ist nicht gerade des Deutschen Sache. Aber Kinder brauchen das, es macht das Zusammenleben so angenehm und leicht.

Was haben wir in unserer Familie nicht schon gelacht! Und gab es erst einmal lustige oder komische Ereignisse, dann werden sie immer wieder erzählt und gehören schließlich zur Familienchronik. Kinder haben so lustige Einfälle und bringen manchmal so witzige Bemerkungen, daß die unbedingt aufgeschrieben werden müssen. Allein, das alles aufzuzählen, könnte einen tagelang am Lachen halten!

Wir haben uns vorgenommen, unsere Mahlzeiten möglichst immer zu einer Zeit der Freude und des Genusses, ja, zu einem familiären Höhepunkt zu machen. Wir essen in Ruhe und nehmen uns Zeit, miteinander zu sprechen und zu scherzen. Bewußt vermeiden wir, eine Mahlzeit als Anlaß für ein korrigierendes Erziehungsgespräch zu nehmen. Dazu knöpfen wir uns den Betreffenden lieber hinterher vor. Wir wünschen uns, daß unsere Kinder später einmal gern an unsere Tischrunde zurückdenken und sie als eine Zeit der humorvollen Begegnung und Entspannung in Erinnerung haben. Überleg einmal, ob du das nicht auch für deine Familie so einführen möchtest!

Wenn es um Humor geht, müssen wir noch eine ganz wichtige Beobachtung hinzufügen: Manche Eltern meinen, sie seien wunderbar humorvoll, dabei stecken sie jedoch voller Ironie. Dieses Bekenntnis machte einmal ein über sich selbst erschütterter Vater. „Eberhard", sagte er, „ich habe mich immer für humorvoll gehalten. Aber weißt du, was das war: Ironie!"

Kennst du den Unterschied? Humor kann über sich selbst herzlich lachen und will den anderen erfreuen. Ironie macht sich über den anderen lustig und lacht über ihn. Sie wurzelt im Spott und ist damit lieblos.

Einem Kind gegenüber, das ein gesundes Wertgefühl aufbauen soll, ist falschverstandener Humor in Form von Ironie vollkommen fehl am Platz.

Bitte hinterfrage dich selbst, wie deine Späße auf den anderen wirken: als befreiender Humor oder als peinliche Ironie?

Und wenn so etwas unter den Kindern am Tisch einreißen sollte, dann erläutere ihnen den Unterschied zwischen Humor und Ironie, und unterbinde ironische Bemerkungen, denn sie zerstören die Familienatmosphäre.

Wie verhältst du dich, wenn dir ein Mißgeschick passiert? Fängst du fürchterlich an zu schimpfen, oder kannst du innehalten und über dich und die komische Situation lachen? Wenn ja, dann gibst du deinen Kindern eine gute Lektion, wie man mit den Pannen des Lebens auf leichte Weise fertig wird. Dann wird in deiner Familie viel gelacht werden!

Das Kind in seiner Würde achten

Eine gute Familienatmosphäre wird nur dann gewährleistet sein, wenn Eltern ihre Kinder schätzen und achten und wenn umgekehrt die Kinder ihre Eltern bewundern und respektieren. Wertschätzung und Respekt kannst du nicht einfach einfordern. Du mußt sie selbst einbringen und die Voraussetzungen dafür schaffen.

Also, achte die Würde deines Kindes vom Babyalter an, was deine Zunge und was deine „Schlagfertigkeit" betrifft. Du weißt, was mit dem zweiten Ausdruck gemeint ist? Ein unbeherrschtes Schubsen, Schütteln oder Schlagen.

Es entsetzt uns, wie Kinder in Kaufhäusern oder auf Spielplätzen von ihren genervten Eltern fertiggemacht werden, wie sie gestoßen und mit unflätigen Ausdrücken traktiert werden. Uns schaudert's! Wenn solche Eltern schon in der Öffentlichkeit keine Hemmungen haben, wie wird es dann erst hinter verschlossenen Wohnungstüren aussehen?

Wenn ein Mensch durch und durch mit sich selbst und der Umwelt unzufrieden ist, dann liegt es nahe, daß er seinen Unwillen und seine Lebensängste auf sein Kind abädt.

Wie steht es mit dir?

Eine persönliche Glaubensbeziehung zu Jesus Christus und daraus entspringende neue Lebensfreude und Kraft sind schon ganz andere Voraussetzungen für den täglichen, manchmal zermürbenden Umgang mit Kindern.

Mach es zu einem festen Entschluß deines Herzens, die Würde deines Kindes zu achten und ihm mit Wertschätzung zu begegnen, ganz gleich, wie alt es ist. Und bete, daß Jesus Christus dir zu diesem Entschluß das Durchhaltevermögen gibt.

Ein Gedanke, der dir dabei helfen wird: Dein Kind ist das Eigentum Gottes, aber dir persönlich als Leihgabe für die Jahre der Unmündigkeit anvertraut. So etwa steht es in Psalm 127, Vers 3.

Gott traut dir die Erziehungsaufgabe also zu. Sonst hätte er dir kein Kind anvertraut. Also, bleib zuversichtlich. Du bist keine schlechte Mutter oder ein unbegabter Vater. Mit seiner Hilfe wird es dir gelingen, dem Kind mit Geduld, Liebe und Wertschätzung zu begegnen.

Da das Kind jedoch nicht dein Eigentum ist, darfst du mit ihm nicht nach deinen Launen umspringen. Gott wird immer Rechenschaft von dir fordern. Auch dieser Gedanke kann zur Selbstbeherrschung verhelfen. Ein Kinderleben wird oftmals so leichtfertig betrachtet, und davor mußt du dich hüten!

Natürlich ist Gottes Vergebung da, wenn du sie aufrichtig suchst. Auch die Kinder mußt du um Vergebung bitten, wenn du dich falsch oder unbeherrscht verhalten hast. Das wird die Achtung voreinander wieder aufbauen und zu einem Neuanfang verhelfen.

Einige praktische Tips, wie du es besser schaffen kannst, deinem Kind achtungsvoll zu begegnen:

- Nimm dir vor, stets so mit ihm zu sprechen, wie es auch mit dir sprechen darf (das wird einige Schimpfwörter sofort ausmerzen).
- Gebrauche häufig ein „Danke" und ein „Bitte" (es gibt Kinder, die das nachahmen werden).
- Mal dir immer wieder vor Augen, daß du ein persönliches Geschenk Gottes an dich in den Armen hältst (das wird dich in Ehrfurcht halten).
- Bete viel für das Kind und segne es (das wird dein Herz mit Hingabe erfüllen).
- Wenn du in eine Situation kommst, wo du nahe daran bist, die Beherrschung zu verlieren, dann leg die Hand auf deinen Mund oder halt eine Hand mit der anderen fest und

bitte Jesus um Beistand (das wird dir wieder zur Ruhe verhelfen).
- Verlasse lieber den Raum, und traktiere ein Kopfkissen, ehe du dich an einem Kind vergreifst.

ZUM NACHDENKEN UND DISKUTIEREN

- Kinder hungern nach Liebe und Geborgenheit, sie sehnen sich nach aufrichtiger Wertschätzung und nach Anerkennung ihrer Fähigkeiten.
Frage: Fällt es dir leicht, dein Kind in die Arme zu nehmen und deinen Blick liebevoll in seinen Augen ruhen zu lassen?
Aufgabe: Mach dir jeden Abend bewußt, wie oft du deinem Kind während des Tages aufrichtigen Augen- und Körperkontakt gegeben hast.
- Humor kann über sich selbst herzlich lachen und will den anderen erfreuen. Ironie macht sich über den anderen lustig und lacht über ihn.
Aufgabe: Bitte hinterfrage dich selbst, wie deine Späße auf den anderen wirken: als befreiender Humor oder peinliche Ironie.

– Mach es zu einem festen Entschluß deines Herzens, die
Würde deines Kindes zu achten und ihm mit Wertschätzung
zu begegnen, ganz gleich, wie alt es ist!
Frage: Welche der oben genannten Tips zu Selbstbeherrschung mußt du dir besonders zu Herzen nehmen?

Laß dir etwas einfallen!

Du erinnerst dich, wir befassen uns gerade mit den drei Bereichen, die unbedingt zum Bau eines Familienfundamentes dazu-
gehören: Zeit, Zuwendung und Einfallsreichtum.

Für die, denen wenig einfällt, was sie mit ihren Kindern anstellen könnten, gibt es ein bewährtes Sprichwort, nämlich:
„Liebe macht erfinderisch".

Du sollst dir nicht mühsam irgendwelche Gags einfallen lassen und gequält vorführen. Laß dein Herz ganz neu für den
Wert deiner Familie und die Kostbarkeit deiner Kinder bren-
nen, und diese Liebe wird dich kreativ und erfinderisch machen. Du wirst sehen, es funktioniert!

Alternative Lebensformen

Von den gefährlichen Miterziehern, die einen Keil in eure Fami-
lienbeziehung treiben wollen, haben wir bereits kurz gesprochen. Halte Ausschau nach alternativen Lebensformen als Gegengewicht zu dem Herumlungern auf der Straße oder an den
Kiosken, zu Streichen, die aus Langeweile in Kriminalität ab-
gleiten können, zu ungesundem Fernsehkonsum und all den
anderen unguten Einflüssen.

Wenn zu Hause nichts los ist, treiben sich Kinder zu gern auf
der Straße herum oder hocken länger vor dem Fernseher, als
gut ist.

Und auch in christlichen Familien kann es in Kinderaugen
sehr öde werden. Die Eltern sind so stark in Gemeindeaktivitäten eingespannt, daß die Familienbeziehungen leiden; das
Gemeindeleben hat ohnehin nicht viel für Kinder übrig und ist
somit für sie langweilig; und dazu kommen noch die vielen
christlichen Gebote und Verbote ...

Uns schmerzt es sehr, wenn christliche Eltern in ihren erzieherischen Bemühungen Schiffbruch erleiden: die Kinder – meistens schon in den frühen Teenagerjahren – stellen sich gegen die christlichen Werte und wollen nichts mehr mit dem Glauben zu tun haben. Für sie ist er nur ein Hindernis bei ihren Aktivitäten – ein Schilderwald von Verboten –, und sie beginnen, ihr eigenes Leben zu führen.

Für viele Eltern bricht dann eine Welt zusammen. Du stehst am Anfang deines Familienlebens. Was kannst du tun, damit es bei euch nicht auch so endet?

Nun, selbst das beste Familienleben wird nicht automatisch gute Kinder erzeugen – der Eigenwille eines Kindes kann alle guten Erziehungsansätze der Eltern zunichte machen –, aber es legt auf jeden Fall eine gute Grundlage, die es dem Kind leichter macht, zwischen Gut und Böse zu unterscheiden und den richtigen Lebensstil zu finden.

Ganz wichtig: Gib deinen Kindern nicht nur „Religion" mit, sondern ein ansteckendes, begeisterndes Leben mit Jesus Christus. Das ist eine Herausforderung für sich! Wir werden in einem späteren Kapitel („Dieses schärfe deinen Kindern ein …", S. 124-128) darauf noch näher eingehen.

Angesichts vieler gefährlicher Miterzieher, die die Persönlichkeit des Kindes verformen und ihr schaden können, werden christliche Eltern sicherlich mehr verbieten müssen als Eltern, die sich über solche Einflüsse weniger Gedanken machen. Das kann erlebnishungrigen Kindern weh tun.

So etwas haben auch wir in unserer Familie erlebt. Aber unsere Devise war schon immer: „Nicht nur verbieten, sondern Besseres anbieten!" Das hat uns einiges an Energie und Einfallsreichtum gekostet.

Ihr müßt also etwas miteinander anfangen können. Deiner Kreativität werden dabei keine Grenzen gesteckt.

Jede Familie wird sicherlich unterschiedliche Schwerpunkte setzen – je nach Interessen und Begabungen. Lies vor, malt und bastelt zusammen, oder macht Gesellschaftsspiele. Es ist nicht so einfach, beim „Mensch ärgere dich nicht" noch fröhlich zu bleiben, wenn man zum dritten Mal verloren hat (auch nicht für Eltern!). Aber hier lernt das Kind im Spiel, gelassen zu verlieren und ohne Neid anzuerkennen, daß ein anderer gesiegt hat. Bis es soweit ist, werden über dem Spielbrett manche Tränen vergossen. Aber dein eigenes humorvolles (nicht ironisches!) Verhalten und deine Ermutigung wird das Kind bei dieser Erfahrung stärken können.

Wenn die Kinder älter werden, könnt ihr gemeinsamen Interessen nachgehen, zu denen du dir sonst vielleicht gar keine Zeit nehmen würdest, zum Beispiel Radfahren, Schwimmen, Joggen, Fußballspielen oder ein gemeinsamer Kursus in Töpfern oder rhythmischer Gymnastik. Fang mal an, zusammen mit deinen Kindern zu planen. Du wirst sehen, es wird allen guttun, und sowohl Eltern wie auch Kinder werden auf ihre Kosten kommen.

Während der Schulzeit feiern wir regelmäßig Feste. Ein Anlaß läßt sich immer finden. Glücklicherweise ist die Küche groß genug, daß alle Kinder bei unserer selbstgebackenen Pizza mithelfen können. Der eine schneidet Wurst, der andere den Käse, unsere großen Mädchen rollen den Teig aus, unsere Achtjährige versucht sich beim Dosenöffnen, und die Kleinste nascht an allem herum. Dann strahlen die Kerzen auf dem Tisch, wir genießen die selbstgefertigten Herrlichkeiten, erzählen, scherzen, lachen ... Nach solch einem Fest gehen die Kinder geborgen, glücklich und erschöpft ins Bett.

Feiern und Spielen

Immer wieder werden wir nach Ideen gefragt, wie man mit Kindern spielen und Feste feiern kann. Manchen fällt es nicht schwer, sich etwas einfallen zu lassen. Aber wir verstehen, daß es den Eltern, die in ihrer Ursprungsfamilie wenig an Geselligkeit und Kreativität erlebt haben, sehr schwerfällt, dies nun mit ihren Kindern zu gestalten.

Wenn es dir so gehen sollte, dann kannst du in Büchern nach Ideen suchen, zum Beispiel in einer Anleitung zu Tisch- und Gesellschaftsspielen. Aber auch in der Reihe „aktive & kreativ" (Proclama) findest du ausgezeichnete Anregungen, zum Beispiel in den Bänden „Kinderfeste – einfach und lustig" oder „Mit Kindern und Nilpferden spielend reisen".

Geht es um die Kirchenfeste und die Gestaltung von Familienandachten, kannst du auf Eberhards Buch „Früh übt sich ...!

Christlicher Lebensstil und Andachten in der Familie", (Schulte & Gerth ⁴1990) zurückgreifen.

Hier noch einige Anregungen von Mitarbeitern unserer Familienarbeit „Neues Leben für Familien", die sie zu Hause praktiziert und auf Seminaren und in unseren „Tips für die christliche Familie" weitergegeben haben:

Miteinander spielen

Erinnerst du dich auch noch so gern wie ich an die Spiele deiner Kinder- und Jugendzeit? Was kam ich glücklich und erfüllt nach Hause, wenn ich mich mit Freunden draußen so richtig ausgetobt hatte!

Ganz aus dem Häuschen waren wir Kinder, wenn Erwachsene wieder jung wurden und mitspielten. Herrliche Erinnerungen und herzliche Beziehungen zu Eltern, Onkeln und Tanten sind von dieser Zeit geblieben.

Müssen solche Erlebnisse Vergangenheit bleiben? Auch in meiner Familie haben wir einen Spielabend pro Woche! Wir essen früh, damit die Kleinen nicht zu müde sind. Danach machen wir Brettspiele, Kreisspiele, Kartenspiele, Musik und Spaß …

Bei gutem Wetter toben wir auch mal draußen mit dem Ball, oder wir spielen ums Haus herum Verstecken. Im Herbst, wenn es schon eher zu dämmern beginnt, ist das besonders reizvoll. Sonntagsspaziergänge in den Wald sind immer interessanter, wenn sie mit einem Spiel verbunden werden. Ein Geländespiel oder ein Stadtspiel als Überraschung bei einer Geburtstagsfeier wird besonders geschätzt.

Bei all unserem Treiben achten wir darauf, daß kein Kind zu kurz kommt oder aber gar überfordert wird.

Die Verkleidungskiste

Unsere Kinder lieben es, sich zu verkleiden, in die unterschiedlichsten Rollen zu schlüpfen und so ihrer Phantasie freien Lauf zu lassen.

Das Rollenspiel ist eine herrliche Möglichkeit, kreativ miteinander umzugehen. Immer wieder kommen unsere Kinder angelaufen und betteln: „Dürfen wir uns verkleiden?" Voll

Freude schlüpfen sie in die alten Klamotten, und das Spiel selbst läuft meistens ohne Zank und Streit ab.

Den Spaß wollen wir ihnen nicht nehmen. Inzwischen geben wir nicht mehr alle alten Kleidungsstücke zur Kleidersammlung. Manches „gute" Stück wandert in die Verkleidungskiste: mal ein Hut oder ein Kleid von Mama, mal ein Pullover oder ein Gürtel von Papa. Dazu Schals und Hosenträger, Tücher und Hemden.

So hat sich mit der Zeit eine ganze Kiste voll Material angesammelt, das sich auch gut für die Darstellung einer biblischen Szene während einer Familienandacht einsetzen läßt.

Genauso riesig freuen sich die Kinder, die zu uns zu Besuch kommen. Verkleiden ist immer „in", selbst an einem Kindergeburtstag.

Doch es wird sich nicht immer nur verkleidet. Aus Stühlen, Tischen, Tüchern, Kleidungsstücken und Decken ist schon manches „gefährliche" Labyrinth gebaut worden, durch das nur die ganz Mutigen zu kriechen wagen. Wenn dann plötzlich der „Kitzelbär" aus dem Dunkel auftaucht, ist das der Hit jedes Spiele-Nachmittages.

Was uns an unserer Verkleidungskiste noch begeistert: sie ist im Nu aufgeräumt. Kiste auf, Klamotten rein – und fertig.

Willkommenskarten basteln

Habt ihr auch so gern Gäste wie wir? Besonders unsere vier Kinder freuen sich, wenn ich das Gästezimmer zurechtmache und sie raten dürfen, wer kommt. Doch das wichtigste an der Vorbereitungszeremonie sind das Betthupferl auf jedem Bett und eine selbstgebastelte Karte, die meistens als ein ganz persönlicher Willkommensgruß an der Tür hängt.

Damit wir nicht unter Zeitdruck geraten und auch Überraschungsgäste mit der gleichen Aufmerksamkeit empfangen können, nehmen wir uns ab und zu einen Nachmittag zum Kartenbasteln.

Wer hat gute Ideen? In der Zeit nach Weihnachten hatten wir noch rote Kerzenstummel herumliegen. Die Kinder durften Wachspunkte auf die Karten tropfen. Schnell wurden schwarze Beinchen dran gemalt, und die Käferfamilie war fertig!

Manchmal schneiden wir Tiere aus der Zeitung aus, zum

Beispiel zwei Frösche, und versehen sie mit Sprechblasen. Dann kann unser Besuch lesen: „Hast du schon gehört, daß Stefan kommt?" „Ja, das ist Spitze!"

Wenn jemand längere Zeit bei uns weilt, findet er vielleicht folgende Karte: Eine Katze kuschelt sich wohlig in ein Kissen. Dazu der Kommentar: „Hier wohnt Uschi."

Sehr beliebt bei den Besuchern sind auch Fotos oder Fotocollagen von unserer Familie. Untertitel: Alle „Hörner" freuen sich auf deinen Besuch.

Im Sommer basteln wir Karten mit gepreßten Blumen, im Herbst mit bunten Blättern. Wir haben auch schon aus Mürbeteig lachende Gesichter gebacken, die wir dann eingefroren und bei Bedarf herausgeholt haben.

Die Kinder haben oft ganz hervorragende Einfälle. Laß dich doch einfach anstecken von unseren Ideen, und probier einmal etwas Neues aus! Ohne daß du große Worte machen mußt, werden sich deine Gäste vom ersten Augenblick an wohl fühlen.

Urlaubserinnerungen

Einen Geburtstag in den Sommerferien zu gestalten ist manchmal gar nicht so einfach. Keine Freunde, die man einladen kann, weil die Familie irgendwo am Strand ihren Urlaub verbringt.

Was tun? Das haben wir uns auch gefragt. Zwei unserer Kinder haben nämlich jedes Jahr in den Sommerferien Geburtstag.

In diesem Urlaub wollten wir am Geburtstagsnachmittag mit den Kindern einen ganz besonderen Kuchen backen. Zunächst besorgten wir im Supermarkt eine große Packung Geburtstagskerzen. Unser Kuchen sollte nämlich mindestens einen Meter hoch werden und drei Stockwerke haben! Dann gings ab zum Strand – bewaffnet mit Eimern und Schaufeln. War das ein Spaß! Aus dem Sand formten wir eine Riesentorte, verzierten sie mit Muscheln und besteckten sie mit vielen Kerzen. Dann kam der Höhepunkt: das Anzünden der Kerzen. Natürlich wurde alles fotografiert.

Inzwischen hatten andere Urlauber mitbekommen, was wir trieben, und viele kamen, um zu gratulieren und sich an unserem Kuchen zu erfreuen. Das ließ natürlich die Herzen der Geburtstagskinder hoch schlagen! Kein Gedanke mehr an die Freunde zu Hause, die nicht eingeladen werden konnten.

Blumenpressen

Papa hat heute seinen freien Nachmittag und stopft außer seinen vier Kindern und Mama auch noch das Blumenbestimmungsbuch ins Auto.

Wer kennt schon ein Buschwindröschen? Während der Fahrt staunen wir über den Bärenklau und giggeln beim Lesen all der seltsamen Blumennamen. Ob wir wohl den Kleinen Klappertopf und den Wiesenbocksbart finden werden?

Der Spaziergang durch die Wiesen und den Wald wird zum Abenteuer. Eifrig suchen wir Blumen und staunen über Gottes Vielfalt und Kreativität. Vorsichtig sammeln wir unsere Schätze in einer Tüte.

Wieder zu Hause, pressen wir die Blumen zwischen Zeitungen und dicken Büchern. Der nächste Regennachmittag kommt bestimmt, und während wir Gott danken, daß die Pflanzen in der freien Natur ihren Durst stillen können, holen wir die gepreßten Blumen aus dem Schrank.

Wer bastelt die schönste Karte? Die blumige Farbenpracht liegt ausgestreut auf dem Küchentisch. Mama hat weiße Doppelkarten besorgt, und der Wettbewerb beginnt.

Christine bekommt rote Ohren, während sie eine Karte für ihre Oma zaubert. Andreas denkt mehr an seine Geburtstagseinladungen, und auch die Kleinen freuen sich am Umgang mit dem Kleber. Staunend suchen sie die Blumen für ihre Karten aus. Am meisten begeistert die Kinder, daß selbst der Papa mitmacht. Sonst hält er nämlich nicht soviel vom Basteln.

Nach zwei Stunden geht uns die Puste aus, und wir räumen auf. Wir lachen über den Wiesenknopf und freuen uns an den gelungenen Karten. Wer hätte gedacht, daß es so viel Spaß macht, als Familie zusammen zu basteln?

In den nächsten Tagen müssen alle Freunde, die zu uns kommen, die Karten bewundern. Natürlich genießen wir Eltern die strahlenden Kinderaugen.

Weltmission fängt zu Hause an

Es ist nicht nötig zu warten, bis ein Missionar Heimaturlaub macht und seinen Dia-Vortrag in der Gemeinde hält. Ihr könnt auch zu Hause ein Missionsland kennenlernen, Fürbitte tun, ausländisch essen und viel Spaß miteinander haben.

Wir haben es im Blick auf Indien so gehalten: Ein Familienmitglied erkundigt sich nach den Essensgewohnheiten, ein anderes danach, wie man sich dort kleidet, ein drittes liest eifrig in einem Nachschlagewerk, ein viertes im Buch „Gebet für die Welt".

Da man in Indien zum Essen auf dem Boden hockt, geht ihr am besten in den Garten, oder du breitest im Wohnzimmer einen alten Teppich oder eine alte Decke aus. Bestecke benötigt ihr nicht, Inder essen mit den Fingern (für einige Kinder ist damit schon der Höhepunkt erreicht!).

Es ist zwar möglich, lediglich eine Handvoll Reis zu essen und dabei auf die Hungersnot in Indien zu verweisen. Aber es geht auch anders: Wir haben eine indische Flüchtlingsfrau gebeten, mit unserer Hilfe ein Mahl aus ihrer Heimat zuzubereiten. Die Kinder sind fasziniert von den fremdartigen Gewürzen und den Gerüchen, die durch die Küche ziehen.

Während die Gerichte brutzeln, ziehen wir uns indisch an; Bilder aus Zeitschriften dienen als Anleitung. Dazu werden alte Hemden, Stoffstücke, Sandalen ausgekramt! Lächelt die indische Köchin – um so besser!

Während wir Tschappatti und Curry essen, geben die einzelnen ihr Wissen preis. Wir hören etwas über die Bevölkerung, die Sitten, die Religionen und die Landesgeschichte, hören von Mutter Teresa und der Arbeit Mark Buntains. Anschließend beten wir für das Land.

Nach einigen Wochen ist Amerika dran mit einem Hamburger-Essen und Cowboy- beziehungsweise Indianerkleidung. Dann kommt China, vielleicht später einmal Italien.

So kann die Familie ein Herz für die Weltmission gewinnen.

Kellers Restaurant

Ich weiß nicht, wie es dir geht, wenn du an die Tischmanieren deiner Kinder denkst. Ich fühle mich manchmal ganz schön hilflos, wenn ich sehe, daß keins unserer drei beim Essen stillsitzen kann. Nicht aus Rebellion, sondern einfach, weil sie so fröhlich und ausgelassen sind.

Oft habe ich mich gefragt, wie man so viel Energie in die richtigen Bahnen lenkt, ohne daß gleich eine muffige Tischatmosphäre entsteht.

Ein Spielzeugkatalog, der irgendwann einmal in unserem Briefkasten steckte, brachte die Rettung. Er wurde nämlich kurzerhand zur Speisekarte umfunktioniert! An einem Abend beschloß ich, Oberkellner und Chefkoch für meine Kinder zu spielen.

Die Kinder mimen „feine Herrschaften". Das Eßzimmer wird mit einer feinen Tischdecke und Kerzenlicht in ein vornehmes Restaurant verwandelt. Da muß man sich natürlich auch benehmen, sonst rümpft der Oberkellner die Nase.

Und schon schwebt er herein mit seiner ganz besonderen Speisekarte: „Was darfs denn sein? Vielleicht ein Hubschraubertoast mit Legosalat? Oder gar ein Playmobil-Split mit Käse überbacken und Eisenbahnröllchen garniert?"

Der Phantasie im Erfinden von Gerichten beim Durchblättern eines Spielzeugkataloges sind keine Grenzen gesetzt. Alle Bestellungen notiere ich auf einen Block – und ab geht's in die Küche.

Auch dort ist Kreativität gefragt, denn der Hubschraubertoast soll natürlich aussehen wie ein Hubschrauber. Also schnell Gurken in lange Streifen geschnitten und auf dem Brot in Propellerform um eine Olive angeordnet. So kommen ganz schnell drei hübsch garnierte Teller zustande, die anschließend auch fein artig verzehrt werden.

Der Kindergeburtstag

Welche Mutter denkt nicht mit Schrecken an den nächsten Kindergeburtstag oder ist erleichtert, wenn dieser Festtag gut über die Bühne gegangen ist?

Immer wieder klagen Frauen über die Strapazen davor und an dem Tage selber. Sie stöhnen über die vielen Belohnungen, die besorgt und bezahlt werden wollen, und sind frustriert, wenn die Kinder all die Mühe nicht honorieren oder sogar die Kuchen stehenlassen.

Zwei unserer Kinder sind sechs beziehungsweise vier Jahre alt, also in einem Alter, in dem ein Kindergeburtstag sehr wichtig ist.

Für die letzten drei Geburtstage habe ich jeweils für etwa sechs bis acht Kinder aus einem Kilogramm Mehl einen Hefeteig vorbereitet. Gleich nach dem Auspacken der Geschenke. geht's in die Küche. Jeder findet an seinem Platz ein Brettchen und einen Klumpen Teig. In der Tischmitte thront ein Schüsselchen mit Rosinen, und schon sind die Künstler mit roten Ohren am Werk. Mit den Kleineren forme ich Schweinchen, Mäuse, Hasen, Fische, Brezeln und Brötchen. Bei den Größeren erzähle ich vorher die Geschichte vom dicken, fetten Pfannekuchen und bitte die Kinder, die Mitwirkenden aus Hefeteig zu gestalten. Die Teilchen werden dann gebacken.

Nach dem Abkühlen spielen wir die Geschichte mit eigenen Worten und den selbstgebastelten Figuren nach, bevor sie zum Verzehr freigegeben werden. Mit Butter und Marmelade ergeben sie ein leckeres Geburtstagsessen. Die übriggebliebenen Teilchen werden an die Kinder verteilt und als Andenken mitgegeben. So erleben sie einen „alternativen" und ich einen preiswerten Geburtstag.

Puppen-Geburtstag

Eines Morgens steht unsere Sarah in der Tür und verkündet freudestrahlend: „Heute hat meine Puppe Geburtstag." Die Feier soll am Nachmittag steigen. Jan ist gleich begeistert und fragt, ob sein Stefan auch kommen darf? Natürlich! Das ist eine „Superidee"!

Daraufhin ist unser Telefon mindestens eine halbe Stunde besetzt, weil alle Puppen aus der Nachbarschaft zur Geburtstagsfeier eingeladen werden.

Wir Eltern stehen staunend dabei, während die Festvorbereitungen – ohne unsere Hilfe – auf Hochtouren laufen. Da wird Teig gerührt, der Herd vorgeheizt, da werden Blumen für die Tischdekoration gepflückt, da wird sorgfältig die richtige Tischdecke ausgesucht, und vieles mehr …

Ich schüttele den Kopf und denke: „Wenn das beim Frühstück auch immer so reibungslos klappen würde …"

Nachmittags ist es dann soweit. Als Geburtstagsgäste erscheinen Molli, der Hase, der mal weiß war, Eva, die Puppe, die einfach das linke Auge nicht aufmachen möchte, Baby Stubs mit der neuen Kugelschreiber-Kriegsbemalung und natürlich das kleine, wilde Schäfchen, das nie stillsitzen kann. Alle werden sie begleitet von ihren lieben Puppeneltern.

Es wird ein wunderschöner Nachmittag. Die Kinder haben sich selbst Spiele ausgedacht und kleine Geschenke für das Geburtstagskind mitgebracht. Im Kinderzimmer läuft eine richtige Party mit allem Drum und Dran. Alle strahlen vor Freude – wir Eltern auch! – und finden: Einmal im Jahr Geburtstag zu feiern, ist entschieden zu wenig!

„Himmlische" Tage

Die Adventszeit ist immer etwas Besonderes, weil die Familienatmosphäre durch das Warten auf das große Ereignis der Geburt Jesu geprägt wird. Eine gewisse Spannung liegt in der Luft – wie lange dauert es noch? –, und die Tage werden gezählt.

Im letzten Jahr gelang es uns, diese Zeit besonders schön zu gestalten. Anfang Dezember notierten wir die Namen von allen, die bei uns im Haus leben oder regelmäßigen Kontakt zu uns haben, auf kleine Zettel und warfen sie zusammengefaltet in einen großen Hut. Das war der Start zum „Engelspiel". Jeder durfte einen Namen ziehen und für den Betroffenen der unsichtbare „Engel" sein. War das spannend! Man war sich nie sicher, ob nicht im nächsten Moment eine „himmlische" Überraschung auftauchte. Eines Tages schaute ich aus meinem Bürofenster und entdeckte, daß da etwas baumelte. Mein „Engel" hatte aus dem Eßzimmer einen Beutel Nüsse für mich heruntergelassen. So flink ich auch war, ich konnte ihn nicht erwischen. Die anderen rätselten genauso herum, denn die „Engel" waren sehr schlau und verwischten ihre Spuren immer wieder. Sie legten Kärtchen mit lieben Grüßen aufs Kopfkissen oder steckten sogar unbemerkt einen Bonbon in die Hosentasche. Es war schön zu beobachten, wie die ganze Familienatmosphäre durch dieses Spiel verändert wurde. Man freut sich einfach, wenn sich jemand ganz persönlich um einen kümmert.

Dann gab es natürlich kurz vor Weihnachten noch ein „Engel-Auflösungsfest", an dem sich alle mit viel Gelächter zu erkennen gaben. So verging die Zeit wie im Flug, und wir hatten viel Freude miteinander.

Kinder haben viele Begabungen. Oftmals werden sie von den Eltern gar nicht entdeckt, weil sie den Kindern keine Möglichkeiten zur Entfaltung geben.

Wie entdeckt und fördert man musikalische Begabungen? Hört Musik unterschiedlicher Stilrichtungen und singt viel zusammen! Bald wirst du heraushören, ob ein Kind gern singt und wie gut es seine Stimme halten kann. Bei uns haben alle Kinder im Grundschulalter zunächst einmal Flöte gelernt. Es gibt kaum ein Kind, das es nicht schafft, dieses Instrument zu beherrschen. Flötenspiel und die damit verbundene Notenkunde sind eine ideale Grundlage, um mit weiteren Instrumenten darauf aufzubauen.

Einige unserer Kinder weisen eine durchschnittliche musikalische Begabung auf, andere eine überdurchschnittliche, und die singen jetzt in einer christlichen Musikgruppe, spielen Gitarre oder Klavier. Aber bitte, keinen falschen Ehrgeiz! Beobachte dein Kind, laß dich von anderen beraten, und dann fördere es seinen Fähigkeiten gemäß.

Künstlerische und kreative Begabungen werden am besten gefördert, wenn ein Kind in einer kreativen Umgebung aufwächst und sich selbst ausdrücken darf. Das fängt ganz einfach damit an, daß du dir etwas einfallen läßt zur Gestaltung und Ausschmückung deiner Wohnung und die Kinder mit beteiligst.

Claudia gehen die Ideen nicht aus. Das zeigt sich an neuen Bildern, Blumenarrangements, Tapeten und aufgemöbelten Stücken. Die Kinder erleben dies mit, und schon brennt es ihnen genauso unter den Nägeln, etwas zu gestalten und zu verschönern: „Mama, darf ich mein Zimmer mal wieder umräumen?" Bei uns sieht jedes Kinderzimmer anders aus. Jedes hat seine persönliche Note, die von dem Kind selbst mitbestimmt ist. Haben die Kinder dann noch einen guten Kunstlehrer oder künstlerisch begabte Verwandte oder Freunde, können noch ganz andere Talente hervorgelockt werden.

Es ist herrlich zu beobachten und trägt bei einem jungen Menschen stark zu einem gesunden Selbstwertgefühl bei, wenn er sich künstlerisch ausdrücken kann und dabei erfährt, daß er einzigartig ist.

Das bewußte Leben mit Gottes Natur ist für uns ein echter Ausdruck eines christlichen Lebensstils. Den Umgang mit Tieren sehen wir als sehr wertvoll für die Entwicklung der Kinder an. Einerseits lernen sie hier Verantwortung, Rücksichtnahme und Ausdauer, ja selbst Verzicht auf eigene Interessen, andererseits bekommen sie einen Einblick in das Wunder der göttlichen Schöpfung und profitieren von der Anhänglichkeit und Liebe eines Tieres.

Wir wissen, Eltern tun sich schwer, auf den Kinderwunsch nach einem Tier einzugehen, weil sie wissen, was alles an Mühe damit zusammenhängt. Am schwerwiegendsten ist die Bindung, die man eingeht: entweder ist der Hund, oder was es auch ist, bei allen Unternehmungen dabei, oder man braucht ständig einen „Tiersitter". Das muß gut durchdacht werden.

Fällt erst einmal eine positive Entscheidung, bleibt es oftmals nicht bei einem Tier. Man muß sich ja ohnehin umstellen. So hat es sich auch bei uns entwickelt. Was haben wir nicht schon alles gehabt? Hunde, Katzen, Zwergkaninchen, Hühner, Gänse, Enten, selbst Schafe und Ponys.

Angefangen hat es in einer erzieherischen Notsituation mit einem Hund. Wir hatten unsere ersten sechs Kinder, und, offensichtlich aufgrund eines negativen frühkindlichen Erlebnisses, zeigte unsere älteste Tochter panische Angst, wenn sie einen Hund sah. Das steckte natürlich die anderen an. Was tätest du, wenn sich sechs Kinder schreiend und heulend an deine Beine klammern?

Wir besorgten uns ein Hundebaby, das auch unsere Älteste süß fand und akzeptierte. Es wuchs mit den Kindern auf. Inzwischen kann ein Hunderiese kommen, und keines der Kinder zeigt Angst.

Genauso wertvoll ist es, einen Garten mit einer Gemüseecke zu versorgen. Hier können die Kinder miterleben, wie aus einem unscheinbaren Samenkorn eine Pflanze entsteht, die man auch noch essen kann. Wieder ein Grund, über Gottes Schöpfung zu staunen.

Jawohl, auch das macht Arbeit. Die kann allerdings deiner Gesundheit in zweifacher Hinsicht guttun: erstens bewegst du dich und kommst tüchtig ins Schwitzen, und zweitens könnt ihr frisches, gesund herangezogenes Gemüse essen. Das ist beinahe unbezahlbar!

Warum tust du dich nicht mit ein oder zwei Familien zusammen, und ihr mietet euch einen Schrebergarten? Gemeinsam könnt ihr die anfallende Arbeit besser bewältigen, die Kinder toben in der frischen Luft, genießen das Leben in der Natur und können, je nach Alter, tüchtig mithelfen.

Wir mit unserer großen Familie haben immer einen Gemüsegarten bearbeitet und uns zum großen Teil selbst versorgt. Das bedeutet zu schuften, besonders für Eberhard. Aber gibt es einen gesünderen Ausgleich zur Kopfarbeit, als in frischer Luft den Körper zu betätigen? Jedes Schulkind hat bei uns einmal in der Woche seinen Arbeitstag mit zwei bis drei Stunden Gartenarbeit, möglichst mit Papa zusammen. Dann hocken wir an den Beeträndern, und mit Humor und viel Spaß wird dem Unkraut zu Leibe gerückt oder die Ernte eingebracht. Gerade das gemeinsame Arbeiten schafft ein Zusammengehörigkeitsgefühl und ist eine der wunderbarsten und zwanglosesten Möglichkeiten, sich über Gott und die Welt zu unterhalten.

Familienurlaub

Ein Familienurlaub gehört unbedingt zum Jahresrhythmus und kann die Familienbande nachhaltig zusammenknüpfen. Er muß ein Ereignis sein, von dem man immer wieder gern erzählt und auf das man sich das ganze Jahr freut.

Wir halten sehr viel von kindgerechten Ferien. Man genießt seine wohlverdiente Entspannung, ist aber auch viel mehr aufeinander angewiesen als sonst und kann sich nicht so schnell aus dem Weg gehen. Kein Telefon, keine Sitzung, kein Überraschungsbesuch lenkt ab. Selbst an den langen Abenden hockt man zusammen. Da kann eine Menge von dem aufgearbeitet werden, was eventuell in der zurückliegenden Zeit versäumt worden ist.

Wir machen mindestens einmal im Jahr einen ausgiebigen Familienurlaub. Der muß nicht teuer sein. Je kindgerechter du ihn planst, um so preiswerter kann er werden.

Wie sehen denn die Kinderträume aus? Im Wasser toben, in

alten Klamotten durch die Wälder streifen, am Lagerfeuer Würstchen braten, Beeren und Pilze sammeln und nachts im Zelt schlafen.

Das verträgt sich absolut nicht mit den meisten Elternwünschen. Eltern träumen von einer ruhigen Pension, vom Ausschlafen, von Spaziergängen im Kurpark, vom Dösen in der Sonne und einer gepflegten Mahlzeit im Restaurant.

Liegen die Interessen so weit auseinander, muß ein Kompromiß gefunden werden. Reißt lieber einmal für ein paar Tage zu zweit aus, um auf eure Kosten zu kommen. Mit quicklebendigen Kindern würde solch ein Urlaub sowieso recht teuer und strapaziös, und keiner würde richtig zufriedengestellt.

Den Familienurlaub solltest du jedoch kindgerecht planen. Wenn wir mit unserer Meute losziehen, dann mit Wohnwagen und Zelten. Möglichst dorthin, wo wenig Menschen sind, des Lärmens und der Freiheit wegen. Und dann führen wir so ein richtiges Trapperleben: Angeln, Pilze suchen, Wettkämpfe, Wandern, Flößebauen, „Robinson-Spiele" auf einer einsamen Insel – ein Leben im Herzen der Natur. Sind die Kinder erst einmal so richtig in ihrem Element, können wir Eltern uns auch faul in die Sonne legen und kommen so in keiner Weise zu kurz.

Nun haben wir eine Menge von unseren Möglichkeiten und Unternehmungen erzählt. Deine Situation sieht von der Familiengröße, dem Wohnraum und den Interessen her wieder ganz anders aus.

Wichtig ist, daß du das Prinzip zum Bau des Familienfundamentes befolgst. Schau nicht neidisch auf das, was andere verwirklichen können. Jeder hat mit den Dingen, die ihm zur Verfügung stehen, genügend Gelegenheiten, sich etwas zu einem ausgefüllten Leben in seiner Familie einfallen zu lassen. Nur nicht unzufrieden und passiv bleiben, sondern die Gelegenheiten beim Schopfe ergreifen!

Mit diesen Dingen – Zeit, Zuwendung und Einfallsreichtum – werden Liebe, Wertschätzung und Vertrauen aufgebaut, die anhalten, bis die Kinder aus dem Haus gehen, und darüber hinaus.

Wir möchten dir in diesem Buch immer wieder vor Augen malen, welches die bedeutendsten Punkte im Zusammenleben mit Kindern und in ihrer Erziehung sind. Vor lauter Details darfst du niemals die Ziele vergessen. Eins der Ziele ist, ein Familienklima zu schaffen, in dem das Kind ein gesundes Selbstbewußtsein entwickeln kann.

Ein Kind mit einem positiven Wertgefühl kommt besser durchs Leben als ein Kind voller Minderwertigkeitsgefühle. Ja, ein gutes Selbstbewußtsein in deinem Kind zu fördern ist eine der besten Gaben, die du ihm mitgeben kannst. Eine Gabe, die ein ganzes Leben lang hält.

Familienathmosphäre

Besitzt du ein hohes Wertgefühl, dann hast du eine positive, aber auch realistische Sicht über dich selbst, eine Zuversicht, die es dir ermöglicht, voranzukommen und selbst mit Fehlschlägen fertig zu werden. Du weißt, daß du geliebt wirst und etwas wert bist. Du kannst dich annehmen, so, wie Gott dich geschaffen hat, und dich über das freuen, was er in deinem Leben tut.

Nicht viele Kinder wachsen mit dieser positiven Grundhaltung auf. Manche entwickeln starke negative Gefühle über sich selbst – Gefühle der Minderwertigkeit, die sie oft für den Rest ihres Lebens verfolgen.

Wenn du an Erziehung denkst, berücksichtige nicht nur, was ein Kind lernen muß, wie es sich einordnen soll oder wie es in der Schule besser vorankommen kann. Du mußt zuallererst die Zusammenhänge durchschauen, die helfen, bei deinem Kind ein gesundes Wertgefühl aufzubauen und zu erhalten!

James Dobson bringt den Aufbau eines Selbstwertgefühls auf eine einfache, treffende Formel: Das Selbstwertgefühl kommt aus der Reflexion, die uns zeigt, was andere von uns denken und was Gott von uns hält.

„Selbstachtung entsteht durch das, was wir in den Augen anderer Menschen oder den Augen Gottes widergespiegelt sehen. Mit anderen Worten: Der Beweis für unseren Wert liegt außerhalb von uns selbst. Nur wenn andere uns respektieren, respektieren wir uns auch selbst. Nur wenn andere uns lieben, lieben wir uns selbst. Nur wenn andere uns nett und wertvoll finden, kommen wir auch mit unserem eigenen Ego klar" (James Dobson, „Der christliche Familienratgeber", Projektion J 1991, S. 134).

Aus diesem Zitat liest du heraus, daß deine Haltung dem Kind gegenüber sehr bedeutend ist: deine Wertschätzung, Liebe, Ermutigung und Anerkennung. Kinder sind extrem sensibel gegenüber den Einstellungen ihrer Eltern. Gib acht auf das, was du in der Gegenwart deiner Kinder sagst, ganz besonders, wenn es um Vergleiche zwischen den Kindern geht.

Aber auch das Gottesbild, das du vermittelst, ist von großer Bedeutung für das Selbstwertgefühl: Dein Kind muß wissen, daß es von Gott gewollt und geliebt ist und daß Gott einen Plan für sein Leben hat.

Wie sieht das Zuhause von Kindern aus, die mit einem guten Selbstbewußtsein ausgestattet sind?

„Dr. Stanley Coppersmith, Psychologie-Professor an der Universität von Kalifornien, untersuchte 1738 normale Jungen aus der Mittelschicht und ihre Familien. Die Untersuchungen erstreckten sich von der Kindheit bis zum frühen Erwachsenenalter.

Nachdem er diejenigen Jungen ausgesucht hatte, die das größte Selbstvertrauen zeigten, verglich er ihr Zuhause mit dem Zuhause derjenigen, die unter mangelndem Selbstvertrauen litten. Er entdeckte drei wichtige Charakteristiken, die beide Gruppen unterschieden:

1. Die Kinder mit hoher Selbstachtung wurden zu Hause deutlich mehr geliebt und geschätzt als diejenigen, die geringes Selbstvertrauen aufwiesen.

2. Die Kinder mit dem gesunden Selbstbewußtsein hatten Eltern, die in ihrer Erziehung bedeutend strenger waren. Im Gegensatz dazu hatten die Eltern der Kinder mit niedriger Selbstachtung durch ihre Nachlässigkeit Gefühle der Unsicherheit erzeugt.

3. Für das Zuhause der Kinder mit hoher Selbstachtung waren Demokratie und Offenheit charakteristisch. Zwar waren die Grenzen klar festgelegt, innerhalb dieser Grenzen gab es aber genügend Freiheit für die einzelnen Persönlichkeiten, um zu wachsen und sich zu entfalten" (J. Dobson, „Der christliche Familienratgeber", S. 145).

Diese Studie ist es wert, noch einmal genau durchgesehen zu werden. Denn aus ihr kannst du die Kriterien herauslesen, die für die Förderung eines gesunden Selbstbewußtseins unabdingbar sind: eine große Liebe und Wertschätzung, das Setzen und Einhalten von klaren Grenzen, aber gleichzeitig eine Atmosphäre von Gerechtigkeit und Offenheit.

Ohne diese Studie gekannt zu haben, haben wir in unserem Familienleben genau diese Kriterien angewandt. Sie sind die Grundlage einer biblischen Kinder-Erziehung und die Philosophie, die hinter unseren Ratschlägen steckt.

Die Gedanken, die wir zum Aufbau einer Familienatmosphäre aufgeführt haben – sich Zeit zu nehmen, aufrichtig Zuwendung weiterzugeben und den Familienalltag kreativ zu gestalten –, bilden das Fundament für ein gesundes Wertgefühl bei deinem Kind.

Geh den gesamten Teil zum Aufbau eines „Familienfundamentes" noch einmal durch, besonders die „Fragen" und „Aufgaben" am Schluß der einzelnen Abschnitte. Faß den Entschluß, die Aufgaben umzusetzen, und bete um Kraft, damit auch du deinem Kind dieses „Kapital" für sein Leben mitgeben kannst.

Natürlich gibt es noch weitere Ratschläge zum Aufbau eines gesunden Wertgefühls. Wir werden in den nächsten Kapiteln, besonders wenn es um Unterweisung und Disziplin geht, immer wieder darauf zu sprechen kommen. Einfach, damit du sicherer darin wirst, bei deinem Kind ein gesundes Wertgefühl aufzubauen.

ZUM NACHDENKEN UND DISKUTIEREN

– Liebe macht erfinderisch! Deine Devise sollte sein: „Nicht nur verbieten, sondern Besseres anbieten!"
Fragen: Welche kreativen Ideen und Unternehmungen zeichnen deine Familie aus?
Was habt ihr in der letzten Woche miteinander unternommen?

Aufgabe: Notiere die unterschiedlichen Begabungsschwerpunkte deiner Kinder!

Frage: Bekommen sie darin genügend Ermutigung und Förderung?

– Eins der Erziehungsziele ist, ein Familienklima zu schaffen, in dem das Kind ein gesundes Selbstbewußtsein entwickeln kann!

Fragen: Welches Gefühl über sich selbst signalisierst du deinem Kind durch deine Worte und Haltungen?

Welches Gottesbild gibst du an dein Kind weiter?

Getrübte Familienatmosphäre

Trotz aller Erkenntnisse und Vorsätze – nicht immer wird es dir gelingen, eine gute Familienatmosphäre aufrechtzuerhalten. Auch wir haben Jahre gebraucht, um die Gefahrenpunkte zu erkennen und auszumerzen, und zwischendurch gibt es sowieso immer wieder schwache Phasen. Es ist ein Lernprozeß! Aber mit dem inspirierenden Ziel vor Augen, ein gutes Familienfundament zu bauen, fällt es leichter. Einige markante Punkte, die die Harmonie trüben können, wollen wir aufführen.

Da ist der Vater, der letztlich nur zum Schlafen nach Hause kommt. Da entsteht aber auch eine Zerreißprobe, wenn beide Elternteile voll berufstätig sind. Eltern werden sich nicht immer einig sein, sie werden sich streiten. Wie mag sich das auf die Kinder auswirken? Das leidige Thema Geschwisterstreit mußt du ebenso in den Griff bekommen, sonst ist die Familienidylle hin. Ja, und dann muß auch noch die Situation der Alleinerziehenden bedacht werden, die wohl die größte Last zu tragen haben. Aber fangen wir mit den Vätern an!

Der fehlende Vater

Bei Umfragen bekommen Väter schlechte Noten: nur etwa jeder vierte spielt in der Freizeit mit seinen Kindern. Über 56 Prozent geben Zeitmangel als Hauptursache dafür an.

In Baden-Württemberg hat eine Umfrage ans Licht gebracht, daß 68 von 100 Kindern im Alter von sechs und sieben Jahren ihren Vater am Abend als Störenfried empfinden.

Das kann ich mir gut erklären: Viele Männer sind nach einem harten Arbeitstag gestreßt und frustriert. Nerven für die Belange und Probleme der Familie haben sie dann kaum. Kein Wunder, wenn ein Kind seinen Vater als störend empfindet.

Männer haben es nicht leicht, und ich möchte dich als Vater nicht noch zusätzlich unter Druck setzen. Aber laß dir sagen: Deine Familie braucht dich!

Vielleicht hast du dir noch gar nicht bewußt gemacht, wie wichtig du für die Persönlichkeitsentwicklung deines Kindes bist. Erziehung ist nicht allein Frauensache, wie manche Männer meinen. Wenn der Vater fehlt, aus welchen Gründen auch immer, leiden die Kinder; interessanterweise die Jungen stärker als die Mädchen.

Ich glaube, wenn man Vätern klar vor Augen malt, wie unentbehrlich sie für ihre Kinder sind, und wenn man ihnen Hilfen gibt, wie sie diese Erkenntnis ausleben können, dann werden sich viele ändern. Denn schließlich lieben sie ihre Kinder, verstehen es nur nicht so gut, diese Liebe umzusetzen.

Deswegen schreibe ich dieses Kapitel für dich. Auch Väter müssen „geboren" werden und dann laufen lernen!

Zunächst einmal zu deinem Sohn. In unserer Gesellschaft stehen Jungen überwiegend unter dem Einfluß von Frauen; von ihnen werden sie vor allem erzogen. Überleg nur einmal: wer betreut ihn im Kindergarten und in der Grundschule? Im Kindergarten sind fast ausschließlich Erzieherinnen tätig, und in der Grundschule sind männliche Lehrer spärlich gesät. Wenn dann noch dazukommt, daß du kaum zu Hause bist, schließt sich mit deiner Frau der Kreis der Erzieher.

Soziologen meinen, daß Jungen, die hauptsächlich unter weiblichem Einfluß stehen, Gefahr laufen, sich zu einem von zwei extremen Typen zu entwickeln: Der eine akzeptiert die weiblich-dominante Umwelt und übernimmt, weil er es nicht anders kennengelernt hat, mehr oder weniger stark weibliche Verhaltens- und Denkweisen. Das kann später den „verweiblichten" Mann ergeben, den „Softie". Der andere Typ rebelliert gegen diese Dominanz und wird auffällig. Er verkörpert später den „Macho-" oder „Playboy-Typ".

Du bist für deinen Sohn das wichtigste männliche Gegenüber! Es ist ganz natürlich, daß sich ein Junge angesichts der weiblichen „Übermacht" nach seinem Vater sehnt, ihn anhimmelt, mit ihm zusammensein will und ihm nachstrebt.

O wei, das hättest du nicht gedacht! Jetzt mußt du erst einmal selbst ein ganzer Mann sein. Was wird sonst aus deinem Jungen?

Verbringe Zeit allein mit deinem Sohn. Er muß dich erleben und genießen können! Gehe auf die typischen Jungenspiele und

-bedürfnisse ein. Jungen lieben den Wettbewerb: Wer ist der Schnellste oder Stärkste? Lehre ihn dabei Fairneß, und lehre ihn, anständig zu verlieren und dem anderen einen Sieg zu gönnen.

Eine der interessantesten Studien ermöglicht ein Fußballspiel mit Vätern und Söhnen. Im Eifer des Gefechts vergessen manche Männer alle christlichen Gebote und die Anwesenheit ihrer Jungen – ganz zu schweigen von der ihrer Töchter, die das Spiel anfeuern. Da werden Kraftausdrücke gebraucht, da wird einander angeschrien, gefoult, da wird der Schiedsrichter fertiggemacht … Dabei sind solche Spiele genau die richtigen Gelegenheiten, um ein gutes Vorbild zu sein und Fairneß und Anstand zu lehren.

Meine vier Jungen sind inzwischen fast alle erwachsen. Während ihrer Kindheit haben wir regelmäßig unsere „Männertage" gehabt. Was haben wir unternommen? Vor allem Radtouren und Wanderungen gemacht, Kanufahrten, Lagerfeuer, haben geangelt, im Freien übernachtet … Und das in der Regel, bis die letzten Kraftreserven aufgebraucht waren. Das erfordert einen Vater, der fit bleibt. Einem Jungen darf man nicht sagen: „Komm, wir machen einen Spaziergang." Das muß schon mindestens eine Wanderung sein, besser eine Expedition. Und dies sind dann die besten Gelegenheiten für Gespräche von Mann zu Mann. So etwas schweißt Vater und Sohn zusammen.

Nun hatte ich immer vier um mich. Tu dich mit anderen Vätern zusammen, wenn du nur einen Sohn hast, und erlebt eure eigenen Abenteuer!

In einem Urlaub in Schweden hatten meine Jungs und ich uns vorgenommen, einfach querfeldein einen See zu umrunden. „Wenn wir uns ans Wasser halten", dachten wir, „können wir uns ja nicht verlaufen." So schlugen wir uns durch Dikkicht, Schilf und Wasserläufe. Was gab es nicht alles zu beobachten: ausgewachsene Elche, seltene Pflanzen und Fische. Und natürlich verliefen wir uns, weil man sich ja doch nicht immer ans Ufer halten kann! Ein Waldarbeiter zeigte uns in der Abenddämmerung den Weg. Jetzt hieß es aber, noch stundenlang durchzuhalten. Die Truppe schaute auf mich, den Anführer. Singend motivierte ich sie, bis die Beine automatisch liefen.

Claudia hatte uns schon vermißt geglaubt und fuhr mit dem Wagen die Waldwege ab. Schließlich gabelte sie uns nach Mitternacht auf – in dem Glauben, einen erschöpften und jammernden Haufen vorzufinden. Aber nein, strahlend und heiser vom Singen ließen die Helden ihre schmerzenden Knochen in die Polster fallen. Sie hatten gerade das Abenteuer ihres Lebens durchgestanden!

Insbesondere wilde und lebendige Jungen – die Last der Mütter – brauchen einen starken Vater, den sie verehren. Für sie gilt das Sprichwort: „Stell einen Jungen an die Seite eines richtigen Mannes, und er wird selten einen falschen Weg gehen!"

Und was ist mit den Töchtern? Von denen habe ich neun an der Zahl. Sie machen die Abenteuer der Jungen gerne mit, nur nicht ganz so intensiv. Die meisten Unternehmungen haben wir gemeinsam mit Jungen und Mädchen gestaltet. Die „Männertage" sind die Extras gewesen.

Was machen Mädchen gern? Ich habe in meinem Leben unzählige Zirkusvorstellungen, Tierdressuren, Ballette, Musikvorführungen und Einladungen ins „Kinderrestaurant" mit nicht schwindender Begeisterung über mich ergehen lassen. Mädchen lassen sich sehr gern von ihrem Vater ins Eiscafé einladen und, wenn sie älter sind, ins Restaurant. Dann genießen sie es, von ihrem Vater hofiert zu werden, himmeln ihn an, kichern und erzählen, erzählen, erzählen ... Das sind die schönsten Stunden für einen Vater: wenn er spürt, daß er das Vertrauen und die Liebe seiner heranwachsenden Töchter hat.

Ich glaube, daß die Haltung eines Mädchens Männern gegenüber stark von der Beziehung zu ihrem Vater beeinflußt wird – im Positiven wie im Negativen.

Meint der Vater, sie sei hübsch, wertvoll und weiblich, dann wird sie dazu neigen, sich so positiv zu sehen. Lehnt er sie dagegen ab und behauptet, sie sei ein „häßliches Entlein" und sowieso nur ein Mädchen, mag es sein, daß sie diese Wertprobleme mit in die Erwachsenenjahre hineinnimmt. Ja, sogar die Bereitschaft einer Frau, sich der liebevollen Leiterschaft ihres Ehemannes einzufügen, ist abhängig von der Art, wie ihr Vater seine Autorität ausgeübt hat.

Menschen sind sehr unterschiedlich, auch in der Art, wie sie die Erfahrungen der Kindheit verarbeiten. Aber eins ist klar:

Ein Vater wird auf seine Tochter einen Eindruck hinterlassen, der für den Rest ihres Lebens bleibt.

Deswegen habe ich bei meinen Mädchen stark auf zwei Dinge geachtet:

Zum einen möchte ich ihnen immer eine „Schutzburg" sein, insbesondere den Kleinen. Fällt etwas vor, bekommen sie Angst, dann sollen sie wissen: „Bei Papa bin ich geborgen, er gibt mir Schutz, auf ihn kann ich mich verlassen." Ich möchte sie immer ernst nehmen mit ihren Sorgen und Ängsten, und sie sollen wissen, daß sie mir in dem vertrauen können, was ich zusage.

Zum anderen möchte ich mich durch Ritterlichkeit und Reinheit auszeichnen, besonders, was die Großen betrifft. In mir sollen sie einen Mann sehen, der gerecht und zuvorkommend ist, einen Mann, den sie zu Recht bewundern können.

Und rein sollen sie mich in Erinnerung behalten! Mädchen und Frauen müssen sich in unserer Gesellschaft soviel Anzüglichkeiten und schlechte Witze anhören und sind so oft Handgreiflichkeiten ungeschützt ausgesetzt. Du weißt, daß sexueller Mißbrauch von Vätern an ihren eigenen Töchtern ein gravierendes gesellschaftliches Problem ist. Also, fasse auch diesen Vorsatz, dich für dein Mädchen durch Ritterlichkeit und Reinheit auszuzeichnen!

Wenn es wirklich so ist, daß du als Vater für deine Tochter einen Eindruck für den Rest ihres Lebens hinterläßt, dann hinterlaß einen guten.

Sag mal, wird dir nicht ganz warm ums Herz, wenn du dir deutlich machst, welche entscheidende Bedeutung du für das zukünftige Leben deiner Jungen und Mädchen trägst?

Mich hat diese Erkenntnis umgekrempelt! Sie hat mich bereit gemacht, meine Zeit neu einzuteilen, Prioritäten anders zu setzen und diese paar Jahre, in denen die Kinderherzen wirklich für mich schlagen, ihnen zu widmen.

Und weißt du was? Es hat mich unbeschreiblich glücklich gemacht. Ich bin mehr zur Ruhe gekommen, weil ich spüre, daß ich mein Leben nicht für etwas Vergängliches einsetze, sondern für das Wohl der nächsten Generationen. Dieses Lebensgefühl macht mich wesentlich effektiver in meinem Berufsleben. Mit weniger Zeiteinsatz bin ich erfolgreicher, als ich es früher war.

ZUM NACHDENKEN UND DISKUTIEREN

– Der Einfluß des Vaters ist unentbehrlich für die Persönlichkeitsentwicklung seiner Kinder!
„Stell einen Jungen an die Seite eines richtigen Mannes, und er wird selten einen falschen Weg gehen!"
Fragen: Wie stark ist dein Einfluß auf deinen Sohn im Vergleich zu allen weiblichen Einflüssen?
Wie oft unternimmst du etwas allein mit ihm, und wenn, was tut ihr?
– Ein Vater wird auf seine Tochter einen Eindruck hinterlassen, der für den Rest ihres Lebens bleibt!
Fragen: Welchen Eindruck hinterläßt du bei deiner Tochter?
Was kannst du tun, damit sie Männern gegenüber selbstbewußt und unbeeinflußt durch negative Erfahrungen aufwachsen kann?

Doppelte Karriere?

Nicht nur der moderne Mann hat Probleme mit seiner Zeiteinteilung und Karriere, die Frau von heute betrifft es genauso. Die Zeiten, in denen es für eine Mutter selbstverständlich war, die wichtigen Kinderjahre in der Familie zu verbringen, sind vorüber.

Der Trend geht dahin, jungen Müttern einzureden, daß sie Berufstätigkeit und Kinder-Erziehung „problemlos" miteinander vereinbaren können. Kleine Kinder bräuchten die dauernde Versorgung durch ihre Mütter nicht, eine wechselnde Umgebung mit unterschiedlichen Kontaktpersonen sei sogar förderlich für ihre Entwicklung.

Diese häufig vorgebrachten Behauptungen verfehlen die Wirklichkeit. Viele, die eine doppelte Karriere und die Familie unter einen Hut bekommen wollen, scheitern. Wo soll man auch die Kraft hernehmen? Wenn Vater und Mutter acht Stunden angespannt in der Firma arbeiten, unterwegs auf dem Heimweg hastig die Einkäufe erledigen, werden sie sich dann zu Hause strahlend und liebevoll der Kindermeute hingeben können? Wer ist denn schon solch ein Übermensch? Ganz abgesehen von der Frage, was die Kinder den ganzen Nachmittag getrieben haben und wann der Haushalt erledigt werden soll.

Das Argument, daß die Mutter nicht so wichtig sei und eine wechselnde Umgebung mit unterschiedlichen Kontaktpersonen für die Entwicklung eines Kindes nicht hinderlich, ja sogar förderlich, deckt sich nicht mit langjährigen wissenschaftlichen Erkenntnissen.

Bei Kleinkindern gibt es kein Drumherumreden: Sie brauchen unbedingt familiäre Geborgenheit und Beständigkeit – die intensive mütterliche Betreuung, unterstützt durch einen hingebungsvollen Vater. Kinder schon im zweiten Lebensjahr in Tagesstätten zu stecken birgt aus medizinischer und psychischer Sicht große Gefahren: sie haben einfach noch nicht die körperliche und seelische Reife, um sich unproblematisch von der vertrauten familiären Umgebung zu lösen. Trotz jahrzehntelanger, negativer Erfahrungen in den Ostblockländern sind manche Politiker hierzulande nach wie vor bemüht, dieses Modell einzuführen. Auch die beste private Tagesbetreuung wird Mutterliebe nicht wettmachen. Und was ältere Kinder betrifft: Selbst eine optimale Kindertagesstätte wird nie eine Familie ersetzen können.

Junge Eltern sind einer starken politischen Propaganda ausgesetzt. Man könnte meinen, die Mehrzahl der jungen Mütter hinge dem Ideal einer vollen Berufstätigkeit nach. Das trifft nicht zu! Die meisten jungen Eltern nehmen bewußt finanzielle Benachteiligungen in Kauf und wollen ihren Kindern familiäre Geborgenheit geben. In den alten Bundesländern geht lediglich ein gutes Drittel der Frauen mit Kindern unter sechs Jahren einem Beruf nach. Davon sicherlich ein beträchtlicher Teil Mütter, die entweder allein erziehen oder aus finanziellen Gründen mitverdienen müssen. Diese benötigen eine optimale Kinderbetreuung und brauchen für ihre unvermeidliche Doppelbelastung Ermutigung und Hilfe, aber keine weiteren Vorwürfe. Die Mehrzahl unserer jungen Mütter sehen allerdings ihren Sinn darin, mit Kindern zu leben und sie zu erziehen. Damit steht Deutschland im europäischen Vergleich sehr gut da. Und auch du mit deiner Entscheidung, dich in erster Linie für Familie und Kinder einzusetzen!

Auf welcher Grundlage willst du Familie bauen? Das wird einen wichtigen Diskussionspunkt mit deinem Ehepartner ergeben. Eins ist klar: Entspannte Familienatmosphäre und doppelter Berufsstreß lassen sich nicht miteinander vereinbaren!

In den ersten Lebensjahren des Kindes wird die Mutter zu Hause bleiben müssen, und dazu braucht sie die verständnisvolle Unterstützung des Vaters. Später gibt es Möglichkeiten, bei denen Kinder und Eltern nicht zu kurz kommen müssen. Zum Beispiel, wenn Vater und Mutter einer Teilzeitbeschäftigung mit gleitender Arbeitszeit nachgehen. Dann haben beide mehr Zeit für das Familienleben. Sicherlich, dies ist ein Ideal. Aber mit viel Gebet, Einfallsreichtum und einem einfacheren Lebensstil werden manche Eltern solch ein Modell verwirklichen können.

Sind die Kinder im Schulalter, ist bei einer kleineren Familie nichts gegen eine Teilzeitbeschäftigung eines Ehepartners bei voller Berufstätigkeit des anderen zu sagen. Es kommt ganz auf die Kondition der Eltern, das Alter und die Bedürfnisse der Kinder an. Aber meine nicht, daß ältere Kinder dich weniger brauchen als jüngere. Ein Teenager beansprucht vielleicht nicht mehr so viel Zeit, aber auf jeden Fall deine Nerven. Du mußt dir immer einige Energiereserven aufbewahren.

„Aber wenn der finanzielle Druck nicht vorliegt, ist für eine christliche Frau, die über Kinder und Haushalt hinaus noch

Kapazitäten frei hat, Berufstätigkeit nicht die einzige Alternative. Da gibt es so viele Aufgaben, die direkt vor der Tür liegen und mit denen sie Gott und Menschen dienen kann.

Wir leben in einer hektischen, lieblosen, kinderfeindlichen Gesellschaft, und jede Frau ist aufgerufen, Geborgenheit, Frieden und Licht hineinzutragen. Das fängt mit deinem Zuhause an, aber hört dort noch lange nicht auf.

Warum nicht ein Kind aufnehmen, ganz oder teilweise? Warum nicht eine Alleinerziehende in die eigenen Familienaktivitäten einbeziehen? Sich um die Waisen und Witwen zu kümmern ist laut Bibel einer der wichtigsten Dienste für Christen! Und das Heer der Voll- beziehungsweise Sozialwaisen und Witwen wird immer größer.

Kinderarbeit, Nachbarschafts- und Schularbeitenhilfe, Frauenarbeit – dies alles sind Aufgaben, zu denen man noch nicht einmal die eigene Wohnung verlassen muß. Es gibt genügend Dienste, in die du deine Kinder einbeziehen könntest, und Aufgaben, die du besser erfüllen kannst als jeder Mann. Jede aktive Kirchengemeinde hat einen chronischen Mangel an Mitarbeitern. Warum mit Berufstätigkeit liebäugeln, wenn du Gott dort mit ganzem Herzen dienen kannst? ...

Das Tätigkeitsfeld einer Mutter darf sich nicht nur auf Haushalt und Kinder beschränken. In meinen Augen ist das zuwenig. Je nach Alter der Kinder und je nach Familiengröße sollte sie Möglichkeiten suchen, weitere Anregungen und Aufgaben zu finden" (Claudia Mühlan, „Bleib ruhig, Mama!", Schulte & Gerth, [6]1991, S.139-141).

Jede Familiensituation stellt sich wieder anders dar. Die wichtigste Frage bleibt wohl: Wird bei einer zusätzlichen Berufstätigkeit oder anderen Aktivitäten nach wie vor gewährleistet, entspannt zu leben und die Familienatmosphäre zu verwirklichen, die Kinder wie Eltern benötigen?

ZUM NACHDENKEN UND DISKUTIEREN

– Entspannte Familienatmosphäre und doppelter Berufsstreß lassen sich nicht miteinander vereinbaren!
  Frage: Wie willst du mit Kleinkindern Familie bauen?
– Das Tätigkeitsfeld einer Mutter sollte sich nicht nur auf Haushalt und Kinder beschränken. Aber: Berufstätigkeit ist nicht die einzige Alternative!
  Frage: Welche Möglichkeiten siehst du als Mutter, über Kinder und Haushalt hinaus tätig zu sein?

Eltern im Streit

In einer Familie lebt man eng zusammen. Da sind Uneinigkeit, Streit und gegenseitige Verletzungen nahezu unvermeidlich. Nur muß gelernt werden, daß unterschiedliche Standpunkte fair ausgetragen werden.

„Dürfen wir uns vor unseren Kindern streiten"? werden wir häufig gefragt. Dahinter steht die bange Frage: „Wie verarbeiten es Kinder, wenn sie miterleben, daß sich ihre Eltern in die Haare geraten?"

Es kommt ganz darauf an, wie die Eltern ihre Meinungsunterschiede austragen:

– Gelingt es ihnen, die unterschiedlichen Standpunkte ruhig darzustellen?
– Schaffen sie es, einen Kompromiß zu finden, so daß einer sich überzeugen läßt oder nachgibt?
– Erleben die Kinder bei einem scharfen Wortwechsel auch anschließend die Versöhnung mit?

Wenn du diese Fragen für dich positiv beantworten kannst, brauchst du keine Sorge zu haben, daß sich dein Kind einen seelischen Schaden einfängt. Im Gegenteil, es lernt, wie man auf reife und christliche Weise Konflikte löst.

Aber wenn eine Diskussion zwischen Eltern zu einem harten Wortgefecht ausartet, wenn sie bitter aufeinander einhacken und unversöhnt auseinandergehen, dann werden Kinder darunter leiden und eventuell falsche Verhaltensmuster übernehmen.

Solchen Szenen sollte ein Kind möglichst nicht ausgesetzt werden. Es fühlt sich nämlich veranlaßt, Partei zu ergreifen. Besonders dann, wenn ein angegriffener Elternteil versucht, es auf seine Seite zu ziehen. Das Kind liebt und braucht aber beide und kommt dadurch unter einen seelischen Druck, der es überfordert.

Für jede Ehe ist es wichtig, daß beide Partner lernen, ihre Meinungsverschiedenheiten auszusprechen und sich dabei fair zu streiten.

„Ist streiten aber nicht Sünde?" wirst du jetzt vielleicht fragen.

Wir meinen: Nein, wenn du dich an die Regeln hältst, die die Bibel nennt. Jesus steckt den Rahmen klar ab, wenn er über das „Sich-Versöhnen" (Matthäus 5,21-26) spricht und über unsere Verantwortung im Umgang mit Worten (Matthäus 12,33-37). Soll die Beziehung zu deinem Ehepartner lebendig und aufrichtig sein und sich vertiefen, dann darfst du Konflikten nicht aus dem Wege gehen. Du mußt lernen, euch in eurer Unterschiedlichkeit anzunehmen und deinen Partner in seiner Persönlichkeit nicht zu verletzen.

Gerade wenn es zu Konflikten kommt, wird die Verschiedenheit besonders deutlich. Jeder reagiert anders: der eine vermeidet am liebsten jeden Streit, ein anderer sucht stets nach

Kompromissen, ein Dritter paßt sich gerne an, und der „Siegertyp" versucht, seine Meinung mit allen Mitteln durchzusetzen. Darüber hinaus gibt es noch diejenigen, die ungeduldig die Lösung für ein Problem sofort haben wollen.

Welche Reaktion ist die richtige? Keine und jede! Wenn du das Leben Jesu aufmerksam studierst, wirst du bei ihm alle fünf genannten Reaktionen finden, jede in einer anderen, entsprechenden Situation. Das solltest du dir zum Vorbild nehmen! Es ist nicht immer angebracht, sich durchzusetzen. Nicht immer ist Zeit für eine gründliche Problemlösung; es kann passender sein, einen Kompromiß zu suchen.

Da Beziehungen in einer Familie über viele Jahre bestehen, lohnt es sich, über gute Möglichkeiten zur Lösung von Konflikten nachzudenken. Deshalb möchten wir dir einige Hilfen nennen. Grundlage ist ein Text aus dem Epheserbrief: „Deshalb legt die Lüge ab und ,redet Wahrheit, ein jeder mit seinem Nächsten', denn wir sind untereinander Glieder. ,Zürnet, und sündigt dabei nicht!' Die Sonne gehe nicht unter über eurem Zorn, und gebt dem Teufel keinen Raum" (4,25-27). In diesem Text geht es um Wahrhaftigkeit. Du darfst deinen Gefühlen Luft machen, dabei allerdings nicht sündigen. Die Bibel betont beides: Durchsetzungsvermögen und Kooperationsbereitschaft. Die Wahrheit soll durchkommen, jedoch in einer Atmosphäre von Liebe, Annahme und Barmherzigkeit. Deshalb:

- Geh Auseinandersetzungen nicht durch Schweigen aus dem Weg.
- Sei kein Gefühls-Staudamm, sonst platzt du irgendwann.
- Wähle den richtigen Ort und die richtige Zeit, um einen Konflikt anzusprechen.
- Greif das Problem an und nicht den anderen.
- Bleib beim Thema.
- Versehe deine Kritik auch mit Lösungsvorschlägen.
- Verkneife dir Äußerungen wie „nie" und „immer".
- Kritisiere, ohne Witze zu machen.
- Gestehe Fehler ein, und schweige, wenn du im Recht bist.

Sind Kinder, ob nun beabsichtigt oder ungewollt, Zeugen eines elterlichen Streites, der nicht fair verlaufen ist, sollten sie hinterher auch die Versöhnung miterleben. Bekommen sie nämlich nur die Auseinandersetzung mit, kann es sein, daß sie sich mehr Sorgen machen als nötig: „Die Eltern von meinem Freund haben sich auch immer so gestritten, und dann haben sie sich scheiden lassen. Wie wird es nur bei uns enden?"

Eltern sollten auf jeden Fall mit den Kindern sprechen und sich dabei entschuldigen: „Es tut uns leid, daß ihr mitbekommen mußtet, wie wir uns gestritten haben. Damit waren wir euch kein gutes Vorbild. Aber ihr dürft wissen, daß wir uns auch wieder versöhnt haben."

Bemühe dich, persönliche Mißstimmungen mit deinem Ehepartner möglichst in Abwesenheit der Kinder auszutragen, ebenso grundsätzliche Erziehungsfragen. Ihr beide müßt vor den Kindern schon eine gewisse Einheit darstellen und solltet keine erzieherischen Grundsatzgespräche vor ihren Ohren führen.

Wenn Claudia mit meiner Art den Kindern gegenüber nicht einverstanden ist, hält sie zunächst einmal den Mund, aber spricht mich gleich hinterher, wenn wir allein sind, darauf an. Umgekehrt läuft es natürlich genauso. So kann man den Vorfall in Ruhe durchdenken und, wenn nötig, vor den Kindern wieder in Ordnung bringen. Das verläuft sachlicher, als wenn man vor versammelter Kinderschar von seinem Ehepartner „fertiggemacht" wird.

Was Kinder betrifft, worüber streiten sich Eltern am meisten? In der Regel sind es folgende drei Gebiete:

– die Disziplinierung der Kinder,
– die Aufgabenteilung der Eltern und
– die Freizeitgestaltung.

Darüber hinaus ist der Einfluß der Ursprungsfamilien zu bedenken.

Disziplinierung der Kinder

Je weniger Eltern sich über ihren gemeinsamen Erziehungsauftrag austauschen, je konfuser ihre Erziehungsstrategie ist, um so eher werden sie sich in die Haare geraten. Logisch!

In der Regel meint der eine von dem anderen, er sei zu streng oder zu nachlässig. Gerade, wenn der Vater zu Hause mehr

oder weniger eine Gastrolle spielt, kann es schnell zu Fehlinter-
pretationen kommen. Da ihm der Überblick fehlt, ist er in seinem Urteil vielfach oberflächlich und zu großzügig – zum Ärger der Mutter, die den täglichen Kleinkrieg auszufechten hat.
Oder er haut zu stark dazwischen, weil ihn der ungewohnte
Kinderlärm nervt. Wenn die Eltern dann auch noch ihre verschiedenen Standpunkte vor den Kindern austragen, ist das
Chaos komplett. Die Kleinen wissen recht bald, an wen sie sich
in gewissen Fragen zu wenden haben, und spielen beide Eltern
gegeneinander aus.

Ein beliebter Rettungsanker überforderter Mütter ist, den
Vater in seiner Abwesenheit als Drohmittel zu gebrauchen:
„Warte, bis der Papa kommt ...!" Wenn der Vater abends nach
Hause kommt, ist er überfordert und neigt zu Kurzschluß-
handlungen oder zu Gleichgültigkeit.

So geht es nicht! Hier muß jede Familie ein klares Konzept
entwickeln. Es fängt damit an, daß du als Vater deine Verantwortung siehst und sie auch übernehmen willst. Einmal geistlich, indem du deine Familie im Gebet trägst – eben auch dann,
wenn du nicht zu Hause sein kannst – zum anderen in der Praxis, indem du dich für den Erziehungsalltag interessierst und
daran Anteil nimmst.

Du als Vater mußt dir Zeit nehmen, mit deiner Frau in Ruhe
alle auftauchenden erzieherischen Situationen durchzusprechen. Ihr müßt gemeinsam beraten, wie ihr reagieren wollt.
Ein Vater kann, auch wenn er vorübergehend aus beruflichen
Gründen nicht viel daheim sein kann, über den Erziehungsalltag informiert bleiben, geistlich daran Anteil nehmen und so
auch seine Verantwortung wahrnehmen und angemessen urteilen. Wenn eine Frau weiß, daß ihr Mann sie mit ihren Fragen zu
den Kindern wirklich ernst nimmt und gemeinsam mit ihr
nach Lösungen sucht, dann wird sie viel sicherer handeln und
sichere Entscheidungen treffen können, weil der geistliche
Schutz da ist.

Wir hören immer wieder, wie Mütter stöhnen: „Ich erwarte
ja gar nicht, daß mein Mann immer präsent ist. Aber wenn wir
wenigstens die Erziehungsfragen durchsprechen könnten,
wenn er nur mitdenken würde, dann wäre ich schon zufrieden."

Ein wirklich bescheidener Wunsch. Aber dann wüßte eine Frau auch in kitzeligen Situationen: „Wenn mein Mann hier wäre, er würde jetzt genauso handeln wie ich." Das kann sie beruhigen und ihr Sicherheit geben.

Zu Beginn unseres Familienlebens, als das Zusammenleben mit den ersten sechs Kindern noch recht neu war, gingen wir beinahe jeden Abend den Tagesablauf vom Aufstehen bis zum Schlafengehen durch und nahmen unseren Umgang mit den Kindern unter die Lupe. Wir besprachen Familienregeln, überprüften sie im nachhinein bei unserem abendlichen Gespräch, suchten nach entsprechenden altersgemäßen Konsequenzen für den Fall, daß sie nicht eingehalten wurden, und lernten so, immer mehr aus der Ruhe heraus zu agieren, anstatt im Affekt unangemessen zu reagieren. So ist Erziehung, ob Eberhard nun da war oder nicht, immer unsere gemeinsame Sache gewesen.

Jetzt hast du ja dieses Buch in der Hand. Nutze die Gelegenheit, und arbeite es zusammen mit deinem Ehepartner durch. Überprüft, wie ihr die Ratschläge auf eure besondere Familiensituation übertragen könnt, und findet zu einer gemeinsamen Erziehungsstrategie.

Aufgabenteilung

Wie teilen sich Ehepartner die Arbeit zu Hause auf? Sind beide voll berufstätig, so sind sie beide zum Feierabend geschafft und sehnen sich nach Ruhe. Was ist mit der Hausarbeit und den Kindern? Es ist nur gerecht, wenn diese Aufgaben aufgeteilt werden. Aber Umfragen zeigen, daß bei berufstätigen Frauen die Männer nicht wesentlich stärker zupacken als bei Hausfrauen.

Hat eine Mutter als Hausfrau den ganzen Tag mit den Kindern verbracht, kann natürlich erwartet werden, daß sie den wesentlichen Teil des Haushalts allein bewältigt. Aber auch sie braucht Unterstützung, und es gibt immer Aufgaben, die nur der Mann erledigen kann. Außerdem hat sie es – besonders bei mehreren kleinen Kindern – gegen Abend unbedingt nötig, daß ihr die Kinder eine Weile abgenommen werden. Denn auch sie muß sich entspannen, und sich vor allem endlich einmal mit einem Menschen vernünftig unterhalten können.

Die Aufgaben einer Hausfrau und Mutter können nervenaufreibend sein. Männer lernen dies oftmals erst dann verstehen, wenn ihre Frau ausfällt und sie für ein paar Tage rund um die Uhr Hausmann spielen müssen. Wir kennen keine Männer, die diesen Posten auf Dauer übernehmen wollten.

Bitte, sei barmherzig mit deinem Ehepartner. Achte auf die Bedürfnisse deines Mannes beziehungsweise deiner Frau, und nenne deine. Darüber müßt ihr miteinander sprechen, wenn ihr zu einer guten Arbeitsteilung finden wollt, die beiden eine Erleichterung ist.

Ich möchte einmal als Mann von meiner Seite aus sprechen: Es hat einige Jahre gedauert, bis ich meine biblische Verantwortung als Haupt der Familie wirklich wahrgenommen und Claudia von Dingen entlastet habe, die sie nicht tragen konnte.

Dazu gehörte zum Beispiel, daß endlich die Reparaturen durchgeführt wurden, die schon lange anstanden und zu denen ich einfach keine Lust hatte. „Mann" will manchmal nicht wahrhaben, wie der häusliche Frieden ins Wanken geraten kann, wenn der Wasserhahn in der Küche wochenlang tropft, trotz inständiger Bitten der Hausfrau, das Ding endlich zum Schweigen zu bringen. Hier haben wohl alle Männer ihre Lektionen zu lernen, um gerade in diesen kleinen Dingen ihre Liebe und Fürsorge zu zeigen.

Bei meinem Engagement im Beruf und im Reich Gottes habe ich, als unsere Familie wuchs, viele Bereiche meiner Frau überlassen, ohne daß darüber gesprochen wurde. Zum Beispiel den Garten, die Schule, Großeinkäufe, Finanzen, gewisse Erziehungsfragen. Schließlich kam sie nicht mehr klar, war überfordert, ohne selbst sagen zu können, wodurch. Sie stöhnte zwar, aber ich antwortete ziemlich gedankenlos: „Was hast du nur? Du machst es doch gut! Du wirst es schon schaffen!" Dann war ich schon wieder mit meinen Angelegenheiten beschäftigt.

Bis Gott mir in einer Gebetszeit so richtig vor Augen malte, was ich eigentlich trieb. „Du Trottel", sagte ich mir, „da haben wir schon eine so große Familie, und du tust, als wenn du ein Leben führen könntest wie früher. Das muß anders werden!" So eine Überführung braucht manch ein Mann.

Claudia wußte gar nicht, wie ihr geschah, als ich mich bei ihr entschuldigte und plötzlich genau wissen wollte, was ihr im Familienleben zuviel war. Ich hatte keine Ahnung, daß sie solch eine starke Abneigung gegen Verhandlungen mit der Schule, gegen Gespräche mit Lehrern und Elternabende hatte. Ich übernahm diesen Bereich. Schließlich war ich doch auch Lehrer!

Mir ging auf, daß es ein Unding war, Claudia die Verantwortung für den ganzen Garten zu überlassen. Wir teilten sie uns: sie übernahm den Bereich mit Büschen und Blumen und ich mit den Kindern den Gemüsegarten.

Dann sagte sie, daß sie es gern sehen würde, wenn ich in der Haushaltsplanung mithelfen würde. So stellten wir nun den Speiseplan für jeweils eine Woche gemeinsam zusammen. Ich habe ungeahnte Fähigkeiten bei mir entdeckt und natürlich auch, daß man so eigene Vorlieben gut einbringen kann.

So kam eins zum anderen. Nicht alles lag mir oder machte mir Spaß. Aber ich übernahm diese Aufgaben, weil ich die Verantwortung als Haupt der Familie hatte und meine Frau liebte. Und obendrein bekam ich auch meine Belohnung. Claudia wurde wesentlich ausgeglichener und fröhlicher; sie blühte regelrecht auf, als sie sah, daß ich nicht nur große Worte machte, sondern wirklich Verantwortung übernahm.

Bitte, nimm diese Schilderung zum Anlaß, dich mit deinem Ehepartner hinzusetzen und gemeinsam zu besprechen, in welchen Bereichen ihr euch das Leben leichter machen könnt. Findet so zu einer Aufgabenteilung, in der jeder seinen Begabungen gemäß tätig sein kann und keiner überfordert ist.

Freizeitgestaltung und Entspannung

Jeder hat zunächst einmal eine andere Vorstellung davon und eigene Wünsche, wie er die Freizeit gestalten und sich entspannen will. Viele gehen wie selbstverständlich davon aus, daß der andere es auch so mag wie er. Und schon kracht's, oder es gibt ein enttäuschtes Gesicht.

Der eine will an die frische Luft, der andere will sich lieber auf dem Sofa verkriechen. Na ja, und die Kinder haben noch ihre eigene Art, ihre freie Zeit zu verbringen.

Wieder geht es nicht ohne Kommunikation und Rücksichtnahme, um einander vor Enttäuschungen zu bewahren. Es müssen Wege gefunden werden, daß einerseits jeder eine gewisse Privatsphäre für seine Art von Freizeitgestaltung und Entspannung hat, aber andererseits auch gemeinsame Möglichkeiten vorhanden sind.

Die Antwort ist eine vernünftige Terminplanung mit festgelegten Zeiten für den Familientag und den Eheabend und mit Terminen für persönliche Belange. Eins ergänzt und belebt das andere.

Der Einfluß der Ursprungsfamilie

Vielleicht kommt ihr beide trotz guten Willens und vieler Gespräche einfach nicht miteinander klar. Die Frage der Erziehung der Kinder, eure Aufgabenteilung und Freizeitgestaltung bleiben ein ständiges unterschwelliges Problem. Dann sollte jeder von euch einmal seinen eigenen Familienhintergrund sorgsam durchdenken und hinterfragen. Darin kann nämlich die Ursache für viele Familienkonflikte liegen.

Du kommst vielleicht aus einem recht strengen Elternhaus. Bei euch wurde nicht viel gesprochen und gescherzt. Die Regeln waren festgelegt, und es wurde kein Widerspruch geduldet. Damit bist du aufgewachsen.

Aber wie ist dein Ehepartner groß geworden? Sagen wir mal: in einer Familie, in der man humorvoll und entspannt miteinander umging. Und was Disziplin betrifft, waren die Eltern eher nachlässig als streng.

Eltern sind machtvolle Vorbilder für ihre Kinder. So waren es deine für dich, und so wirst du es wieder für deine Kinder sein. Forschungsergebnisse deuten an, daß du in einer Streßsituation spontan so reagieren wirst, wie du es bei deinen Eltern erlebt hast – ob du nun mit der Art deiner Eltern einverstanden warst oder nicht. Das trifft um so stärker zu, je weniger du dich mit deiner Familienvergangenheit auseinandergesetzt hast.

Unausgesprochen erwartest du zunächst einmal ganz selbstverständlich, daß dein Ehepartner genauso mit den Kindern umgeht und das Familienleben ebenso gestaltet, wie du es von zu Hause gewohnt warst.

Da jeder einen anderen Familienhintergrund mitbringt, werdet ihr in vielen Fragen unterschiedlicher Meinung sein.

79

Ohne ein Verständnis darüber, wie man selbst und wie der Ehepartner aufgewachsen und erzogen worden ist, werden sich junge Eltern immer gründlich mißverstehen – besonders, was Erziehung, Aufgabenteilung und Freizeitgestaltung betrifft.

Wie findet man eine Lösung?

Es ist wichtig, daß du deine eigenen Erfahrungen, die du als Kind in deiner Ursprungsfamilie gemacht hast, durcharbeitest. Mach dir klar, wie du aufgewachsen bist. Idealisierst du deine Kindheit vielleicht, oder lebst du immer noch in Rebellion gegen deine Eltern?

Laß dir von deinem Ehepartner genau erzählen, wie er aufgewachsen ist. Dann vergleiche die guten und die schlechten Seiten deiner Kindheit mit denen der Kindheit deines Ehepartners. Es geht nicht darum, die Fehler der Eltern aufzuzählen – alle Eltern machen Fehler, das hast du bei dir auch schon gemerkt –, sondern darum, aus der Vergangenheit zu lernen.

Wenn das geschehen ist, werdet ihr nämlich manche unguten, unbewußten Verhaltensmuster entlarven und abstellen können, um endlich einen eigenen, gemeinsamen Familienstil erarbeiten zu können. Ohne diesen Prozeß ist eine nachhaltige Verhaltensänderung kaum möglich.

ZUM NACHDENKEN UND DISKUTIEREN

– Für jede Ehe ist es wichtig, daß beide Partner lernen, ihre Meinungsverschiedenheiten auszusprechen und sich dabei fair zu streiten.

Fragen: Wie sehen eure „Streitregeln" aus? (Überprüfe sie anhand der genannten auf Seite 73).

Wenn deine Kinder einen unfairen Streit miterlebt haben, erleben sie dann auch die Versöhnung?

– Die häufigsten Streitpunkte zwischen Ehepartnern sind Fragen zur Disziplinierung der Kinder, zur Aufgabenteilung und Freizeitgestaltung.

Aufgaben: Macht euch bewußt, in welchen erzieherischen Punkten ihr unterschiedlicher Meinung seid, und entwickelt eine gemeinsame Strategie!

Nennt euch gegenseitig eure Bedürfnisse und Überforderungen, und findet zu einer gerechten Arbeitsteilung!

Tut das gleiche bezüglich eurer Freizeitgestaltung, und findet zu einem guten Gleichgewicht zwischen Privatsphäre und gemeinsamen Unternehmungen!

– Ohne ein Verständnis darüber, wie man selbst und wie der Ehepartner aufgewachsen und erzogen worden ist, werden sich junge Eltern immer gründlich mißverstehen!

Fragen: Waren meine Eltern im Umgang mit mir eher strikt oder nachlässig?

Welche Erziehungsmaßnahmen haben mich gefördert, so daß ich sie ohne weiteres übernehmen kann?

Welche Maßnahmen waren ungut für meine Entwicklung, so daß ich sie vermeiden sollte?

Wo liegen die Gemeinsamkeiten und die Unterschiede zwischen meiner Ursprungsfamilie und der meines Ehepartners?

Geschwisterrivalität

Streit unter Geschwistern kennt wohl jede Familie. Wie die Schularbeiten und das lästige Aufräumen scheint er zum Tagesablauf zu gehören und kann dabei die Familienatmosphäre mächtig trüben.

Von dem kleinlichen Gezänk solltest du kein allzu großes Aufheben machen. Also, schnell an der Kinderzimmertür vorübergehen, damit du nicht als Richter herangezogen werden kannst! Läßt du dich da hineinziehen, kann dein Schlichtungsversuch länger dauern, als wenn sie den Streit allein ausgestanden hätten. Ein Kind darf nicht immer nach Mama oder Papa schreien, es muß auch lernen, sich allein durchzusetzen, oder – wenn es sich schon auf einen Streit einläßt – verkraften, den kürzeren zu ziehen. Das gehört zur Bewährung im Alltag.

Wenn du allerdings beobachtest, daß eins deiner Kinder bei diesen Auseinandersetzungen ständig verliert und sein Leben langsam zur Qual wird, darfst du nicht locker darüber hinwegsehen, sondern mußt eingreifen und eventuell „Friedensregeln" einführen.

Beobachte deine Kinder, und frag dich: „Warum geraten sie sich in die Haare?"

Vielfach stecken zwei Dinge dahinter: Eifersucht und Wettbewerb. Ohne sich viel Gedanken zu machen, legen manche Eltern selbst die Grundlage für Geschwisterrivalität. Du eventuell auch?

Sie vergleichen nämlich ständig ein Geschwisterkind mit dem anderen, und das auf negative Weise: „Warum machst du

deine Schularbeiten nicht so ordentlich wie dein Bruder?"
„Kann dein Zimmer nicht auch einmal so aussehen wie das von
deiner Schwester?" „Mach schneller, die anderen sind schon
lange fertig!"

Hüte dich vor solchen Vergleichen! Es liegt auf der Hand,
daß sich ein Geschwisterkind dadurch minderwertig fühlt und
auf das andere eifersüchtig wird oder mit ihm in einen unguten
Wettbewerb tritt, um es doch zu übertrumpfen. Und schon
hast du den deftigsten „Kinderkrieg" in deinem Hause.

Sei besonders zurückhaltend bei Gegenüberstellungen in
den folgenden drei Bereichen, denn da reagiert jeder – du als Erwachsener ebenso wie dein Kind – sehr empfindlich: besondere
Fähigkeiten, Intelligenz und körperliche Schönheit.

Haben wir recht? Es sitzt doch wie ein Stachel in der Seele,
wenn der Ältere nicht nur einmal, sondern häufig hört: „Unser
Kleiner ist doch ein heller Kopf. Daß der Große sich nur so
dumm anstellt in der Schule!"

Die Geschwisterfolge und die Position, die ein Kind damit in
der Familie einnimmt, kann eine Rivalität verschärfen und
wird von gewissen Charakteristika begleitet. Deren Grund-
züge solltest du vor Augen haben:

Das älteste Kind gibt sich vielfach zielstrebig und erfolgsbe-
wußt, da Eltern dazu neigen, dem ersten Kind besondere Aufmerksamkeit zu schenken, es zum Erfolg zu drängen und von
ihm zu erwarten, daß es früh Verantwortung übernimmt.

Mittlere Kinder beobachten das und versuchen, mit den älteren zu konkurrieren, aber sie spüren, daß sie es nicht schaffen.
Deswegen bemühen sie sich, auf Gebieten gut zu sein, die von
älteren Geschwistern nicht besetzt sind. Dadurch möchten sie
die gleiche Anerkennung erlangen. Gelingt ihnen das nicht,
fühlen sich mittlere Kinder oftmals erdrückt und verloren oder
machen den älteren ständig das Leben schwer.

Das jüngste Kind wird häufig vom Rest der Familie um-
schmeichelt und verwöhnt. Es tendiert dazu, ausgeglichen und
entspannt zu sein. „Nesthäkchen" ist ein treffender Name.
Jüngste Kinder können jedoch auch Ablehnung erfahren und
zu spüren bekommen, daß sie lästig und unerwünscht sind.
Dann wendet sich das Blatt, und sie wissen nicht, was sie sollen
und wozu sie da sind.

Das einzige Kind in einer Familie hat eine ähnliche Position wie das erste Kind, neigt aber bei fehlenden Kontakten zu Gleichaltrigen und Jüngeren dazu, sich wie ein Erwachsener zu verhalten.

Kinder in großen Familien, wie bei uns, teilen sich häufig in kleine Geschwistergruppen auf.

Jede Position in der Familie hat ihre Vor- und Nachteile. Laß uns das für deinen Familienalltag zusammen durchdenken, damit die Geschwisterfolge nicht Anlaß zur Rivalität geben kann.

Zunächst einmal muß sich jedes Kind in seiner Position sicher fühlen und sich im gleichen Maße wie seine Geschwister geschätzt und bestätigt wissen. Du darfst kein Lieblingskind haben! Schon zu biblischen Zeiten hat es so etwas gegeben; und das hat zu dramatischen Folgen geführt. Denk nur an das Ehepaar Isaak und Rebekka: Der Vater hatte den Wildfang Esau als Lieblingssohn und die Mutter den sanften Jakob. Später machte es Jakob wie sein Vater; er zog seinen Sohn Joseph vor, der dafür teuer bezahlen mußte.

Auch dir kann es passieren, daß du ein Kind sympathischer findest als ein anderes. Vielleicht, weil es sich leichter lenken läßt oder weil es stark in deine Richtung schlägt – und schon kann sich Schritt für Schritt ein Familiendrama entwickeln. Bewahre solche Empfindungen in deinem Herzen, und sprich sie nie vor den Kindern aus! Bete, daß Gott dir Liebe für alle gibt, und verhalte dich gerecht und klug.

Dein ältestes Kind braucht die Gewißheit, daß seine Stellung sicher ist. Wenn es weiß, daß jüngere Geschwister nicht vorgezogen oder mehr geliebt werden, wird es ermutigt, kooperativ und hilfsbereit zu bleiben, anstatt seine Position eifersüchtig zu verteidigen. Denn aufgrund seines Alters wird es mehr Pflichten haben als die Jüngeren und häufig Rücksicht nehmen müssen: es wird als erstes der Kinder zum Küchendienst herangezogen und muß auf die jüngeren Geschwister aufpassen – und es ist schon zum „Aus-der-Haut-Fahren", wenn die liebevoll aufgebaute Lego-Eisenbahn von einem Krabbelkind laufend zerstört wird!

Paß auf, daß du deinem Ältesten nicht zu viel aufbürdest. Manche jungen Eltern neigen dazu, weil sie überlastet sind und man so die Kleinen bequem abschieben kann. Muß ein älteres

Kind immer das jüngste mitschleppen, kann es, ohne daß die Eltern es bemerken, zu häßlichen Szenen kommen: Das Kleinste, weil es ja lästig ist, wird herumkommandiert und gequält. Dafür rächt es sich, indem es die älteren ständig piesackt. Das nimmt mit dem Älterwerden nicht ab, und die Eltern wundern sich, warum sich die Kinder immer in den Haaren liegen.

Wir haben uns deswegen vorgenommen, ein Kind, das lieber allein oder mit anderen spielen will, nicht zu zwingen, auf ein Geschwisterkind aufzupassen oder sich mit ihm zu beschäftigen. Wir erwarten das dann höchstens für eine kurze Zeit oder als Ausnahme.

Für das Älteste darf es auf keinen Fall nur bei Pflichten und Rücksichtnahme bleiben. Das Kind muß auch altersgemäße Vorrechte haben. Welche zum Beispiel? Schon allein, am Abend zwanzig Minuten länger wach bleiben zu dürfen als alle anderen und sich beim Papa mit einem Bilderbuch einzukuscheln, kann das Wertgefühl enorm steigern und helfen, die Pflichten eines älteren Kindes williger zu tragen. Oder als einziger mit Mama etwas zu unternehmen, weil es halt ausschließlich für Große ist.

Das wird sofort den Protest aller jüngeren Geschwister heraufbeschwören! Aber jetzt muß Mama ihr großes Kind standhaft verteidigen und aufzählen, was es alles so leistet. „Wenn ihr Jüngeren so alt seid", muß sie beteuern, „werdet ihr das auch dürfen."

Aber nun zu den mittleren Kindern. Gehört das nächstjüngere Kind zum anderen Geschlecht, kann das Zusammenleben leichter sein, als wenn es ebenfalls ein Junge oder ein Mädchen ist; denn Mädchen und Jungen haben halt ohnehin schon unterschiedliche Interessen. Dein mittleres Kind möchte genauso anerkannt und genauso einzigartig sein wie dein ältestes. Willst du Konkurrenz vermeiden, dann gib ihm diese Wertschätzung, und ermutige und fördere es vor allem in Bereichen, die das ältere noch nicht erobert hat und in die es sich nicht einmischen darf. Das Geschwisterkind darf nicht immer im Schatten des älteren stehen, was es ohnehin schon tut, dadurch, daß es jünger ist.

Spielt es zum Beispiel Gitarre oder geht es in den Tischtennisverein, dann laß es in diesen Fähigkeiten ein Meister werden, und sieh zu, daß das Ältere ihm diesen Rang nicht streitig macht.

Verbring auch Zeit allein mit deinem Mittleren, damit du gewiß sein kannst, daß es sich in seiner Stellung wohl und sicher fühlt.

Nun kann es vorkommen, daß ein mittleres Kind von sich aus sehr stark und selbstbewußt ist und dadurch das ältere in den Schatten stellt. Dann gelten die eben genannten Ratschläge natürlich umgekehrt.

Die gleiche Aufmerksamkeit benötigt selbstverständlich auch ein jüngstes Kind. Vor allem braucht es Ermutigung und Herausforderung, Aufgaben eigenständig anzupacken und sich etwas zuzutrauen. Dann ist es in der Lage, sich zuversichtlich in das Familiensystem einzugeben, ohne sich zu klein oder nur geduldet vorzukommen und ohne nur verwöhnt zu werden. Häufig läßt bei den jüngsten der Erziehungseifer der Eltern nach, und sie beginnen, nachlässig zu werden. Laß dir das sagen, und bewahre dir genügend Energie und Feuer bis zum kleinsten Glied deiner Familie.

Aber auch wenn du all diese Ratschläge beachtest, mag das nicht ausreichen, um unter deinen Kindern Eintracht zu bewahren. Dann mußt du zusätzliche „Friedensregeln" aussprechen, wie:

- Keiner darf sich auf häßliche Weise über den anderen lustig machen.
- Das eigene Kinderzimmer (oder die eigene Zimmerhälfte) ist privates Territorium; niemand geht ungefragt an den persönlichen Besitz des anderen.

Aber bitte, achte konsequent darauf, daß diese Regeln eingehalten werden. Gibt es unter Kindern kein geltendes Gerechtigkeitssystem, können Machtkämpfe und Gemeinheiten schnell Überhandnehmen.

Wenn ihr alle genannten Prinzipien beherzigt, wird das zu größerem Frieden in deiner Familie beitragen. Diese Vorsätze spiegeln unser Familienleben wider. Bei uns gibt es wenig Streit und eine aufrichtige Achtung vor den Fähigkeiten des anderen, egal wie alt es ist.

ZUM NACHDENKEN UND DISKUTIEREN

– Mach um das kleinliche Gezänk kein allzu großes Aufheben!
Ein Kind muß lernen, sich allein durchzusetzen und es zu
verkraften, auch einmal den kürzeren zu ziehen.
Frage: Mischst du dich zu häufig genervt in Kinderangele-
genheiten ein?

– Ursache für Geschwisterrivalität sind vielfach Eifersucht
und Wettbewerb! Hüte dich vor negativen Vergleichen – be-
sonders in den Bereichen Fähigkeiten, Intelligenz und
Schönheit!
Frage: Wie oft läßt du dich zu solchen Vergleichen hinreißen?
Aufgabe: Formuliere Vorsätze, um dies zu vermeiden!

– Die Geschwisterfolge und die Position, die ein Kind damit in
der Familie einnimmt, kann eine Rivalität verschärfen!
Aufgabe: Mach dir die Vor- und Nachteile der Position aller
deiner Kinder bewußt.
Frage: Wie kannst du jedem Kind die entsprechende Bestäti-
gung und Wertschätzung seiner Einmaligkeit geben?

– Gibt es unter Kindern kein geltendes Gerechtigkeitssystem,
können Machtkämpfe und Gemeinheiten schnell überhandnehmen!
Frage: Welche „Friedensregeln" mußt du einführen und überwachen?

Respektlosigkeit

Es ist eine Wohltat, sich in einer Familie aufzuhalten, in der Eltern wie Kinder wertschätzend und höflich miteinander reden. Die gesamte Familienatmosphäre ist anders. Man spürt förmlich den Frieden Gottes um sich.

Dagegen sträuben sich die Nackenhaare, wenn man hört, wie Eltern ihre Kinder „anpfeifen" und Kinder ihre Eltern und andere Autoritäten mit einem noch deftigeren Vokabular attackieren. Betreten schaut man zur Seite und hofft, daß das Thema bald gewechselt wird.

Wieso gelingt es manchen, einen zuvorkommenden Umgang zu bewahren, und warum versagen andere darin?

Laß uns dem Thema einmal auf den Grund gehen. Wenn du von Anfang an die richtigen Prinzipien beachtest, meinen wir, ist es nicht so schwer, es zu schaffen.

Zunächst einmal: Höflichkeit und Respekt sind nicht allein eine Sache der richtigen Wortwahl, sondern der Herzenshaltung. Wenn nicht von vornherein im Umgang miteinander eine Atmosphäre der Liebe, der gegenseitigen Wertschätzung und Höherachtung aufgebaut wird, dann ist die ganze Geschichte sowieso nur aufgepfropft und wirkt gekünstelt. Deswegen ist das Fundament des Familienhauses so wichtig!

Darüber hinaus ist Achtung und Respekt immer eine zweispurige Angelegenheit! Manche Eltern machen es sich zu leicht. Wenn du mit deinem Kind nicht freundlich, beherrscht und zuvorkommend reden kannst oder willst, wie willst du es dann von ihm erwarten?

Wir haben einen eisernen Vorsatz gefaßt: nämlich immer so mit einem Kind zu sprechen, wie es auch mit uns reden darf! Damit wirst du dir eventuell eine ganze Reihe von Ausdrücken von vornherein verbieten – oder würdest du dich gern mit „Dummkopf", „Taugenichts" oder ähnlichem titulieren lassen? Dieser Vorsatz ist großartig und hilft enorm, zu einem gepflegten Wortschatz zu finden.

Gib deinem Kind durch deine Haltung und deine Worte allen Anlaß, dich lieben und schätzen zu können, und achte dann darauf, daß eine respektvolle Haltung und Ausdrucksweise in deiner Familie vorherrscht.

Nicht umsonst legt die Bibel sehr großen Wert auf das Gebot, Vater und Mutter zu ehren. Aus der kindlichen Beziehung zu den Eltern lernt der kleine Erdenbürger für alle Beziehungen zu anderen Menschen, zu Obrigkeiten und zu Gott. Wenn er keine Achtung und keinen Respekt vor den Eltern hat, wird es ihm schwerfallen, auch andere Personen zu respektieren.

Du siehst, bei diesem Thema geht es nicht nur um eine Formsache, sondern um die Entwicklung ganz wichtiger Persönlichkeitszüge. Du möchtest, daß dein Kind einerseits selbstbewußt auftreten kann, aber dabei doch eine Haltung der Zuvorkommenheit und Achtung zeigt. Da stellst du als Mutter oder als Vater bereits im Kleinkindalter eine ganz wichtige Schlüsselrolle dar, und zwar in der Art, wie du dem Kind deine Wertschätzung als Grundlage seines Selbstbewußtseins gibst, und darin, wie du ihm erlaubst, sich dir gegenüber zu verhalten.

Beides gehört zusammen. Ich kenne Eltern, die ihre Kinder aufrichtig schätzen und die lieblichsten Worte finden, und trotzdem werden sie von ihnen mit den ruppigsten Ausdrücken attackiert und herumkommandiert. Sie schreien ihre Eltern an: „Laß mich in Ruhe. Ich will nicht!", schlagen mit ihren kleinen Fäusten nach ihnen oder kommandieren: „Mama, ich will meine Bauklötze! – Wo bleibt die Milch?" Und Mama, weil sie einmal gehört hat, daß man „Aggressionen ausleben muß, um gesund zu bleiben", oder weil sie eingeschüchtert ist und keinen weiteren Wutanfall ihres kleinen Tyrannen riskieren will, läßt alles über sich ergehen – in der Hoffnung, daß er sich vielleicht ändert.

Die richtige Herzenshaltung und das Vorbild reichen bei manchen Kindern nicht aus! Sie brauchen darüber hinaus eine klare Unterweisung, welche Worte angemessen sind, und – wenn das nicht ausreicht – Konsequenzen, die die Grenzen richtig abstecken.

So wichtig ist das Thema für die Zukunft deines Kindes! Denn wenn du deinem Vierjährigen nicht unmißverständlich klarmachen kannst, welch ein Umgangston in deiner Familie der richtige ist, dann bereite dich schon seelisch auf die Teenagerjahre vor!

Unter einem respektlosen Ton haben interessanterweise Mütter mehr zu leiden als Väter, denn bei Müttern meinen die

Kinder, sich manchmal einen anderen Ton leisten zu können. Dann sind die Väter aufgefordert, sich vor ihre Frauen zu stellen und ihrem Sprößling deutlich zu machen, daß die Beleidigung der Mutter gleichzeitig eine Beleidigung des Vaters ist.

Wir denken immer noch daran, wie Eberhard einmal nach einer sehr unschönen Unmutsäußerung eines unserer Jungen Claudia gegenüber zu ihm in sein Zimmer ging und ihn zur Rede stellte: „Sag mal, hast du mich jemals so zu Mutti reden hören, wie ich es eben von dir in der Küche vernommen habe?" Ein verdutztes Kopfschütteln. „Und dann erlaubst du kleiner Knopf dir, meine Frau, die ich so sehr liebe und für die ich alles tue, so zu beschimpfen? Tue es nicht noch einmal, sonst bekommst du es mit mir zu tun!" Eberhard lächelte zwar dabei; trotzdem kam die Botschaft an, und es half dem Kind, den Ernst der Lage richtig einzuordnen und sein Mundwerk zu zähmen.

Natürlich sollst du deinem Kind immer die Gelegenheit geben, sich auszusprechen, und es dazu ermutigen – auch gerade über das, was ihm an seinen Eltern nicht gefällt. Aber Kinder – wie auch manche Erwachsene – müssen lernen, es in einem angemessenen Ton zu tun, und müssen gebremst werden, wenn sie ausfallend werden.

ZUM NACHDENKEN UND DISKUTIEREN

- Höflichkeit und Respekt sind nicht allein eine Sache der richtigen Wortwahl, sondern auch der Herzenshaltung.
  Frage: Spürt dein Kind deine aufrichtige Wertschätzung und Achtung? Wie kannst du sie ihm heute zeigen?
- Dieses Thema ist eine zweispurige Angelegenheit!
  Frage: Sprichst du so zu dem Kind, wie es auch zu dir reden darf?
  Aufgabe: Notiere Ausdrücke, die du nicht mehr gebrauchen willst.
- Die richtige Herzenshaltung und das Vorbild reichen bei manchen Kindern nicht aus!
  Frage: Wie hast du dein Kind unterwiesen? Zu welcher Konsequenz willst du greifen, wenn es sich nicht daran hält?
- Unter einem respektlosen Ton haben Mütter mehr zu leiden als Väter!
  Frage: Bist du als Vater bereit, dich schützend vor deine Frau zu stellen?

Ich erziehe allein!

(Andrea Engel)

Als ich das Manuskript dieses Buches gelesen hatte, lag ich im Bett und weinte. Ich liebe meine zwei Kinder und möchte das Beste für sie. Aber als berufstätige und alleinerziehende Mutter fehlt mir oft die Zeit, die Kraft und das Geld, um all die guten Ratschläge in die Tat umzusetzen. Und vor allem fehlt der Vater. Ich gebe mein Bestes und weiß doch, daß mein Bestes nicht reicht.

Verhaltensauffälligkeiten meiner Kinder zeugen davon, daß sie Mangel leiden. Respektlosigkeit und der tägliche Kleinkrieg rauben mir die Kraft und machen mich oft mutlos. Einsamkeit kann ein furchtbarer Quälgeist sein. Es gibt in meinem Leben oft Zeiten, in denen ich mich grenzenlos überfordert fühle.

Vielleicht geht es dir wie mir: Du möchtest Vater und Mutter gleichzeitig sein, hast ständig ein schlechtes Gewissen, weil zwischen Wollen und Tun eine große Lücke klafft, und denkst oft voller Schmerz an deine Kinder? Ich will dir Mut machen!

Ein großer Trost für mich ist die Zusage Gottes, die wir an vielen Stellen der Bibel lesen können: Er versteht sich als ein Vater der Vaterlosen und als ein Anwalt der Witwen! (Lies dazu Psalm 68,6 und Jesaja 54,5-6.) Damit sind sicherlich auch die Sozialwaisen und -witwen unserer heutigen Zeit gemeint. Wir Alleinerziehende haben einen besonderen Platz in Gottes Herzen, und unser Glaube an ihn kann uns Mut und Kraft geben.

Alleinerziehen – kein Grund zum Mitleid! In wie vielen „vollständigen" Familien bleibt die Erziehung an den Müttern hängen? Es gibt noch viel zuwenig Väter, die ihre Erziehungsaufgabe ernst nehmen. Wir Alleinerziehende wissen, daß wir alles allein tun müssen. Das bewahrt uns vor den Enttäuschungen, die andere durch ihre unerfüllten Erwartungen an ihre Partner erleben. Wir haben die Freiheit, über unsere Zeit und unser Geld selbst zu bestimmen. Wir können uns Gäste einladen, so oft und so viele wir wollen, und müssen uns mit niemandem über das Erziehungskonzept streiten. Das sind doch ohne Zweifel Vorteile!

Für Alleinerziehende gibt es, wie schon zu Anfang dieses

Buches gesagt, kein extra Erziehungskonzept. Die Prinzipien und Ziele, die in diesem Buch beschrieben werden, gelten auch für Kinder, bei denen ein Elternteil ständig oder meistens abwesend ist. Versuch einfach, deine Kinder nach diesen Maßstäben zu erziehen.

Auch wenn ein Elternteil fehlt, bildest du mit deinen Kindern eine Familie. Fang an, bewußt als Familie zu leben – mit Familientraditionen, gemeinsamen Mahlzeiten und aufregenden Unternehmungen. Sei gastfreundlich, und öffne deine Tür für Besuch. Freunde haben sicher Verständnis, wenn es mal nicht so aufgeräumt in der Wohnung aussieht.

Vermeide es, dich so zu fühlen, als seiest du ein Single mit Kindern im Schlepp, die dir wie ein Klotz am Bein hängen. Aber denk auch nicht, du als Alleinerziehende seiest der ärmste Mensch auf Erden, der nun von seinen Mitmenschen Hilfe einfordern darf. Sicher, du brauchst Hilfe, und es ist schwer, immer jemanden darum bitten zu müssen. Du bist jedoch auch jemand, der geben kann, der Talente hat und ein guter Freund sein kann.

Bleib gelassen in der Erziehung. Du kannst den fehlenden Elternteil nicht ersetzen, aber du kannst ein großartiger Vater sein (der so schön trösten kann) oder eine klasse Mutter (die einen Nagel in die Wand schlagen kann). Entwickle deine Persönlichkeit, und meistere fröhlich dein Leben. Deine Kinder werden dich bewundern und dir nacheifern.

Bleib auch gelassen, wenn sie Verhaltensauffälligkeiten an den Tag legen. Das kann, muß jedoch nicht mit deinem Alleinerziehen zusammenhängen. Vieles verschwindet nach einiger Zeit wieder, aber scheue dich nicht, gegebenenfalls fachkundige Hilfe zu suchen.

Alleinerziehende müssen mehr als andere Eltern auf ihr eigenes Wohlergehen achten. Geht es dir schlecht, leiden deine Kinder. Kein Ehepartner ist da, der einspringen kann.

Pflege deine Beziehung zu Gott. Er gibt immer wieder Trost und Kraft.

Pflege deine Freundschaften. Gerade Alleinerziehende brauchen Freunde und können selbst gute Freunde sein.

Sei gut zu dir. Genug Schlaf, Zeit für Körperpflege und gesundes Essen gehören ebenfalls dazu wie Hobbys und Unternehmungen. Vielleicht singst du gern oder magst Sport treiben? Reserviere einen Abend pro Woche für solch regelmäßige Aktivitäten. Gibt es in deiner Kirchengemeinde nicht auch eine Möglichkeit mitzuarbeiten? Das Erfolgserlebnis, etwas geben zu können, kann ganz schön befriedigend sein.

Wenn du aus Mangel an einem Babysitter nicht so oft weggehen kannst, werde zu Hause aktiv. Bei mir treffen sich regelmäßig Freunde zu gemeinsamen Spielen. Da geht's dann heiß her, und es wird viel gelacht. An anderen Abenden sticke ich, male oder bastele, mit oder ohne Freundin.

Beuge der Einsamkeit vor, sie ist tückisch. Der Sonntagnachmittag oder auch mancher Abend ist für dich vielleicht solch eine „Einsamkeitsfalle". Sie kann regelrecht lähmen. Wenn du sie überwinden willst und jemanden anrufst, dann hat dieser mit Sicherheit keine Zeit. Verabrede dich im voraus – viele Singles und andere Alleinerziehende befinden sich in einer ähnlichen Situation, und ihr könnt gemeinsam etwas unternehmen.

Und was ist mit dem fehlenden Vater? Kinder, ganz besonders Jungen, brauchen eine männliche Bezugsperson. Vielleicht gibt es in deiner Nähe einen Opa oder einen Onkel, der diese Rolle ein Stück übernehmen kann. Vielleicht bist du mit einer Familie befreundet, deren Vater deinen Kindern „männliche Zuwendung" geben kann. Sei hier aber besonders weise, damit du für diese Familie nicht zur Last wirst; nicht jede Familie ist stabil genug, und sie braucht auch Zeit für sich.

Gute Erfahrungen habe ich mit jugendlichen Männern gemacht, die von meinen Kindern sehr geliebt werden. Ein ehemaliger Praktikant aus dem Kindergarten besucht uns regelmäßig, paßt auf die Kinder auf und nimmt Anteil an ihrem Kummer und ihren Freuden. Er ist für uns alle ein guter Freund.

Oft gibt es noch den leiblichen Vater. Falls keine Bedrohung von ihm ausgeht (Sucht, Mißbrauch oder Gewalt) und er es sich wünscht, solltest du deinen Kindern den Kontakt und Umgang mit ihm ermöglichen. Wichtig ist, daß deine Beziehung zu ihm geklärt ist und ihr Frieden haltet. Ein Vater, der negativ dargestellt oder idealisiert wird, bereitet einem Kind Probleme.

Die alleinerziehenden Väter haben es meiner Erfahrung nach leichter. Omas, Tagesmütter sowie Frauen aus der Bekanntschaft sind eher bereit, einem mutterlosen Kind eine weibliche Bezugsperson zu sein, als Männer bereit sind, sich einem vaterlosen Kind zuzuwenden.

Ich muß zugeben, Alleinerziehen ist eine große Herausforderung. Wirst du nicht auch manchmal neidisch, wenn du eine harmonische Familie erlebst?

Oft spürst du nur deinen Mangel, doch wenn du auf dein Leben mit all seinen (sicherlich begrenzten) Möglichkeiten siehst und diese entwickelst, kannst du erfüllt und glücklich leben!

Herausforderung
oder Überforderung?

Es gibt Eltern, die kommen nach einem Seminar zu uns und stöhnen: „Was ihr erzählt, das klingt alles so gut. Ich möchte ja auch auf diese Weise mit meinen Kindern umgehen, aber ich schaffe es nicht. Wo holt ihr nur die Geduld und die Einfälle her?" Andere bekennen: „Ich habe einfach nicht genug Energie und Durchhaltevermögen." Es gibt aber auch solche, die sagen: „Dazu bin ich nicht bereit. Soviel gebe ich von meiner Freiheit nicht her."

Wie auch deine Ausgangslage aussehen mag, wir müssen deutlich betonen: Für die gesunde Persönlichkeitsentwicklung deines Kindes sind die aufgeführten Punkte ein „Muß"!

Was empfindest du bei dem folgenden Zitat eines Kinderpsychologen? „Jedes fünfte Kind ist von ernsthafter psychischer und sozialer Vernachlässigung betroffen. Es spürt, daß es ein Klotz am Bein der Selbstentfaltung seiner Eltern ist."

Sagst du dir nicht auch: „Mein Kind soll es besser haben! Es soll sich gewollt und geliebt wissen und zu einer lebensbejahenden Persönlichkeit aufwachsen"?

Aber wie kannst du das verwirklichen?

Wir beschäftigen uns schon zwanzig Jahre mit der Frage, wie wir uns als Eltern die notwendige Ausgewogenheit und Belastbarkeit erhalten können, so daß das Familienleben nicht zu einer Überforderung wird. Wir haben Vorsätze gefaßt, Prinzipien erarbeitet, sie eingehalten und erfahren: Es funktioniert!

Ein großer Prozentsatz des Erfolges in deiner Erziehung wird schlicht und einfach davon abhängen, wie fit du bleibst, das heißt, wie du dir deine Lebensfreude und Gelassenheit bewahrst. Eine Mutti sagte einmal treffend: „Arbeite an dir selbst, dann machen dir deine Kinder nicht mehr so viel Arbeit!" Und darum geht es in diesem Teil des Buches.

Das Familienleben bleibt zwar immer eine riesengroße Herausforderung, muß aber nicht zu einer Überforderung werden.

Vier Prinzipien, die uns geholfen und begleitet haben, möchten wir dir erläutern:

- Schaffe dir einen neuen Blick für dein Familienleben.
- Stärke und vertiefe ständig deine Ehe.
- Bewahre dich vorm „Ausbrennen".
- Sorge für Heilung und Ruhe deiner Seele.

Ein neuer Blick fürs Familienleben

Sagst du ja zu Kindern, womöglich noch zu einer Familie mit mehr als zwei Sprößlingen, gehörst du zur Minderheit, zu den Außenseitern, für manche sogar zu den Asozialen. Laut Statistik haben nur sechs Prozent der Familien drei und mehr Kinder.

Trag es mit Würde, ja mit Stolz. Sag dir: „Die anderen wissen doch gar nicht, was ihnen entgeht. Sie kennen dieses wunderbare Gefühl der Glückseligkeit und Erfüllung, für ein Kind da zu sein und von ihm geliebt zu werden, überhaupt nicht. Sollen die ‚Kinderverweigerer' doch an sich selbst denken und in ihrer Karriere aufgehen … Sie werden schon sehen, was sie davon haben. Es muß furchtbar sein, älter zu werden und keine Menschen um sich zu haben, mit denen man die Freuden und das Leid eines langen Lebens geteilt hat."

Mit Kindern zu leben, sie heranwachsen zu sehen, mit ihnen den Alltag zu gestalten, sie als Jugendliche freizugeben und mit ihnen ein Leben lang gute Freunde zu bleiben, gehört für uns zu dem Schönsten, was das Leben auf dieser Erde bieten kann.

Natürlich ist es mitunter anstrengend, natürlich erfordert es Selbstverleugnung und Hingabe. Und was Kinder nicht alles kosten … Da stehen die Paare ohne Kinder als Doppelverdiener ganz anders da. Aber was soll's! Kinder sind unbezahlbar. Alles Wertvolle im Leben erfordert seinen Preis!

Wir wünschen, daß du einen neuen Blick für dein Familienleben gewinnst. Wenn du dir nämlich diesen selbstbewußten, befreiten Blick für deine Kinder bewahrst, dann läuft der Alltag auch mit einer größeren Leichtigkeit, dann brennt es dir in deinem Herzen, Zeit mit deinen Kindern zu verbringen, dann quillst du nämlich über vor Liebe und Zuwendung, und Einfälle sind für dich gar kein Problem mehr, denn: Liebe macht erfinderisch! Leg die „Opferhaltung" ab, und fang an, Familie zu genießen!

Unsere Gesellschaft braucht befreite Mütter und Väter, die hocherhobenen Hauptes mit ihren Kindern durch die Straßen ziehen, so daß die Kinderverweigerer verlegen zur Seite schauen – und nicht umgekehrt.

Stärke und vertiefe deine Ehe

Die Bedeutung einer harmonischen Beziehung zum Ehepartner hat Claudia in ihrem Buch „Bleib ruhig, Mama" treffend umschrieben. Wir rufen dir ihre Gedanken noch einmal in Erinnerung:

„Fürsorge für die Kleinen ist sehr wichtig, aber mindestens genauso wichtig ist die Pflege und Vertiefung der Ehebeziehung. Die ersten Kandidaten für einen Nervenzusammenbruch sind nämlich die Mütter (und Väter), deren Gedanken sich ständig um ihre Kinder drehen, die nicht einen Abend weggehen und sie niemals aus den Augen lassen.

Mach dir bewußt, daß das Klima einer harmonischen, von Wertschätzung getragenen Ehebeziehung eines der besten Dinge ist, mit denen Kinder aufwachsen können. Die Kinder fühlen sich wohl, und du kannst mit solch einem Lebensgefühl Bäume ausreißen. Um das zu erhalten, gehört aber auch genügend Zeit zu zweit dazu.

Die Gefahr des elterlichen Verschleißes hat Eberhard gleich nach unserer Familiengründung erkannt. ,Claudia', beschwor er mich, ,die Kinder werden groß und selbständig und werden uns verlassen, aber mit dir will ich glücklich alt werden. Laß uns nicht die Fehler anderer wiederholen, sondern von vornherein unsere Zweierbeziehung genügend pflegen!'

Und so haben wir es gehalten, von Anfang an bis heute. Wenn man nur will, kann man – selbst bei einer so großen Familie – immer wieder schöne, romantische Momente zwi-

Und bis zur Goldenen Hochzeit
sind es allein schon 50 Jahre...

schendurch erleben: hier eine liebevolle Geste, da eine kleine Überraschung oder eine unerwartete Mithilfe.

Ihr beide braucht genügend Zeit zu aufrichtigen Gesprächen und für regelmäßige, gemeinsame Entspannung. Du mußt auch mal richtig abschalten können, für ein paar Stunden vergessen, daß du Kinder hast, und ungestört das erotische Zusammensein mit deinem Mann genießen.

Das ist möglich. Dazu gehört einmal die Einsicht über die Wichtigkeit der ehelichen Zweisamkeit, dann ein Blick für die passenden Momente zwischendurch und ein wenig Organisationstalent, was Oma, Freundin oder Babysitter betrifft, um sich die Kleinen für einen Abend oder für ein Wochenende vom Hals zu halten.

Vergiß nicht, deine Kinder werden dich gerade runde zwanzig Jahre brauchen, aber ihr beide wollt glücklich miteinander alt werden. Und bis zur goldenen Hochzeit sind es allein schon fünfzig Jahre ...!" (C. Mühlan, „Bleib ruhig, Mama!", S. 143-144).

Na, das klingt doch ganz gut. Jetzt muß es nur noch befolgt werden. Tu es! Wir haben uns all die Jahre daran gehalten. Eine freundschaftliche und gleichzeitig romantisch-erotische Ehebeziehung gehört zum Erfrischendsten, das man sich vorstellen kann. Die Zeit zu zweit macht immer wieder fit für den Kinderalltag und bewahrt vor Verschleiß.

Wollen wir nicht einmal zusammen träumen? Stell dir vor, euch beiden ist es gelungen, sehr aufmerksam füreinander da zu sein. Ihr umwerbt einander, tut einander Gutes und überrascht euch immer wieder mit Aufmerksamkeiten. Du schwebst richtig vor Glückseligkeit, und selbst das „erotische Etwas" klingt mit. Schon am Frühstückstisch schaut ihr euch innig in die Augen, daß der Kaffee kalt wird. Der Arbeitstag läuft für beide gut. Trällernd flitzt du als Mutter durch die Wohnung, scherzt mit den Kindern, und selbst wenn sie etwas angestellt haben, es gelingt dir, die Rangen mit Humor bei der Stange zu halten.

Dir als Vater geht die Arbeit in der Firma leicht von der Hand. Immer wieder mußt du zwischendurch an Zuhause denken und kannst es kaum erwarten, den Feierabend mit deinen Kindern und deiner Frau zu verbringen.

Wie mag es jedoch aussehen, wenn ihr beide euch nicht so gut versteht? Wieder wird der Kaffee am Frühstückstisch kalt. Aber nicht, weil ihr euch so innig in die Augen schaut, sondern weil ihr euch in die Haare geratet. Und dann sitzt du zerknirscht oder wütend inmitten des Geschirrberges – beziehungsweise zwischen Aktenordnern –, der Tag kommt dir so öde vor, und schon „bellst" du die Kinder an, nur weil sie dich etwas fragen wollen. An einem solchen Tag gehen sie dir lieber aus dem Wege, um kein Gewitter zu erleben.

So stark nimmt das Eheklima Einfluß auf die Art, wie du mit den Kindern umgehst!

Auf den Eheseminaren stellen wir gern die „Zwölf goldenen Regeln für eine gesunde Ehe" vor, die Eberhard als Zusammenfassung am Ende seines Buches „Wir halten zusammen! Wie Ehepaare Krisen bewältigen" (Schulte & Gerth ³1988, S. 187-188) aufgestellt hat.

Lest sie zusammen durch und sprecht darüber, wie ihr die einzelnen Punkte umsetzen könnt:

„– Setzt pro Woche mindestens einen Eheabend an, um Zeit für gemeinsame Unternehmungen und Entspannung zu haben.

– Verbringt keinen Tag ohne Gedankenaustausch und gemeinsames Gebet. Plant irgendwo zwanzig Minuten pro Tag ein, um euch alles von der Seele reden zu können.

– Vertieft eure Kommunikation: beginnt mit dem täglichen Austausch über die Ereignisse des Tages, und setzt euch das Ziel, einander aufrichtig mitzuteilen, wie es in euch aussieht.

– Faßt den Vorsatz, jeden Tag bereinigt abzuschließen und die Sonne niemals über eurem Zorn und Ärger untergehen zu lassen (Epheser 4,27-28).

– Wenn ihr es nicht schafft, ein Eheproblem innerhalb einer Woche zu lösen oder zumindest offen durchzusprechen, dann sucht gemeinsam ein Ehepaar eures Vertrauens auf, und bringt den Konflikt unter ‚vier' Augen auf den Tisch, und betet darüber.

– Der Ehepartner ist noch wichtiger als die Kinder. Übertrieben kindzentrierte Familien schaden einem Heranwachsenden mehr, als sie ihm guttun. Einer der größten Werte, die ihr euren Kindern mitgeben könnt, ist eine harmonische, von Wertschätzung getragene Ehe.

- Laßt das Feuer der romantischen Liebe nicht verlöschen. Achtet auf euer Denken und Handeln dem Partner gegenüber, denn dies wird das Maß der Romantik bestimmen.
- Investiert genügend Zeit, Energie, Einfühlungsvermögen und Einfallsreichtum in die sexuelle Beziehung eurer Ehe, denn: Zeit füreinander haben, Romantik und Wertschätzung sind unerläßliche Voraussetzungen für eine erfüllende Sexualität.
- Aufgrund der Überflutung mit unguten sexuellen Reizen müßt ihr ständig an einer gesunden und reinen Einstellung zur Sexualität sowie an einem soliden Wissen über die Unterschiedlichkeit von Mann und Frau auf der Grundlage des Wortes Gottes arbeiten.
- Bewahrt voreinander immer eine Haltung des Respekts und der Hochachtung – wie in der Zeit des Kennenlernens.
- Übt euch darin, die Grenze zur Respektlosigkeit nicht zu überschreiten. Und, wenn es geschehen ist, fühlt euch nicht zu gut, dies wieder in Ordnung zu bringen und euch zu entschuldigen.
- Betrachtet die Treue und Hingabe des Ehepartners niemals als eine Selbstverständlichkeit, sondern bemüht euch, den ‚Schatz' jeden Tag neu zu gewinnen. "

Bewahre dich vorm „Ausbrennen"

Erschöpfte und ausgebrannte Eltern sind zu einem täglichen Erscheinungsbild geworden. Genervt zerren Mütter ihre Kinder durch die Gänge des Einkaufzentrums, schreien Väter ihre Kinder an, obwohl sie kaum gemuckst haben.

Erschöpfungszustände wirken sich katastrophal auf die Beziehung zwischen den Ehepartnern und die zu den Kinder aus. Geht es dir auch so? Unter Streß bist du eher ungerecht und unbeherrscht, als wenn du einigermaßen ausgeglichen bist.

Elternschaft ist bei aller Freude und Erfüllung ein anstrengendes Geschäft. Du mußt deine Kräfte für rund zwei Jahrzehnte klug einteilen. Nur ein ausgeglichenes Leben wird zum Erfolg führen!

In der Bibel wird der Mensch als eine Einheit von Geist, Seele und Leib beschrieben (1. Thessalonicher 5,23). Diese drei sind enge Nachbarn. Leidet einer, werden normalerweise die anderen zwei in Mitleidenschaft gezogen. Halte alle drei fit und ausgeglichen: dein körperliches Wohlbefinden, deine seelische Ausgeglichenheit und deine geistliche Beziehung zu Gott.

Achte sorgfältig auf erste Anzeichen für chronische Erschöpfungszustände. Dazu kann es schnell kommen. In der Regel durch eine Kette ständiger Überforderung, zum Beispiel: Eine auslaugende Berufstätigkeit und obendrein ständige Gemeindeaktivitäten, der zusätzliche Hausbau bringt dann den Zusammenbruch. Oder: Schwangerschaft, danach ein anstrengendes Baby, das nachts nicht durchschlafen will. Als Folge Unausgeglichenheit und ein gereiztes Eheklima. Die nächste Schwangerschaft meldet sich unerwartet an, während das erste Kind noch in den Windeln steckt ...

Zunächst fühlst du dich ausgemergelt und erschöpft, vielleicht auch ständig überfordert. Du bist unzufrieden und kommst mit deiner Arbeit einfach nicht mehr durch. Die Kinder nerven dich. Manchmal magst du sie nicht sehen und schreist einfach los. Psychosomatische Symptome tauchen auf: Appetitlosigkeit, Magenschmerzen, Kopfschmerzen, Rückenschmerzen ...

Dies steigert sich zu einer ständigen Müdigkeit, zu Selbstverdammnis oder Gleichgültigkeit, zu Ärger und Widerwillen den Kindern gegenüber. Eltern beschimpfen ihre Kinder in der Öffentlichkeit für deren Undankbarkeit. Sie meinen nur zu geben, zu geben, zu geben. Depressionen und Tränen sind tägliche Besucher.

Total ausgebrannt sind schließlich die Eltern, die nach Tabletten oder nach Alkohol greifen, die in Untätigkeit verkommen oder sich nicht mehr beherrschen können. Jetzt wird auch die Schwelle zu Kindesmißhandlung leicht überschritten.

Das ist eine traurige Schilderung. Wo stehst und wie lebst du?

Lebensbejahend und ausgeglichen? Vielleicht bereits mit den ersten Anzeichen von Erschöpfungszuständen oder gar in einem fortgeschrittenen Stadium?

Sei ehrlich mit dir selbst. Zieh Bilanz, erkenne Fehler, und lerne eine klügere Lebensstrategie. Deine Familie wird es dir danken.

James Dobson, ein bekannter amerikanischer Familienberater, betont in „Das Anti-Frust-Buch ..." (Edition Trobisch), Kindererziehung sei kein Kurzstreckenlauf, sondern mit einem Marathonlauf zu vergleichen. Du mußt deine Kräfte für alle Erziehungsjahre klug aufteilen und darfst sie nicht gleich in den ersten Jahren aufbrauchen.

Die Gefahr des Ausbrennens haben wir bei unserer Kinderschar und unserem engagierten Lebensstil selbst zu spüren bekommen. Mehrmals mußten wir innehalten und unseren Lebensstil korrigieren, um ihn ausgeglichen, gesund und dennoch effektiv zu halten.

Dazu möchten wir einige praktische Ratschläge weitergeben:

- Erkenne deine Energiegrenzen an, und überfordere dich nicht über längere Zeit!
  Du hast keinen unerschöpflichen Vorrat an Energie. Bist du erst einmal an die Grenzen deiner Kraft gekommen, erholst du dich nicht einfach innerhalb weniger Tage. Das kann Monate dauern. Hüte diese kostbare Quelle, und teile deine Kraft ein. Das Bild vom „Marathonlauf" ist eine gute Ermahnung.
  Erkenne an, daß du mit einem individuellen und begrenzten Energiehaushalt ausgestattet bist. Manche orientieren sich zu sehr an anderen und wollen ständig mehr leisten, als sie tatsächlich in der Lage sind.
- Arbeite an einem guten Zeitplan!
  Stell eine Liste auf von dem, was für dich wirklich wichtig sein soll. Aber nicht nur aus deiner Sicht, sondern auch aus Gottes Sicht.
  Gute Prioritätensetzung sowie Organisation, kombiniert mit Disziplin, helfen, in kurzer Zeit viel Arbeit zu schaffen. Das gilt nicht nur für Geschäftsleute, nein, auch für Hausfrauen!
- Was für die Arbeit gilt, trifft ebenso auf Entspannung zu, auch dafür muß Zeit geplant werden!

Dazu gehören der wöchentliche Eheabend, der bewußt gelebte Sonntag oder der Familiennachmittag. Ein Familienurlaub oder der Kurzurlaub zu zweit kann verlorengegangene Energie wieder zurückbringen.
Hüte dich vor „Freizeitstreß". Manch einer kommt überhaupt nicht mehr zur Ruhe, selbst in seiner freien Zeit hetzt er von einer Beschäftigung zur anderen. Du brauchst Zeiten, in denen du ganz gelassen zu dir selbst und zu Gott findest.
– Ein ausgewogenes Maß an Schlaf, regelmäßige körperliche Übungen sowie eine gesunde Ernährung halten Körper und Seele fit!
Du brauchst genügend Schlaf, vor allem aber die richtige Einstellung dazu. Zuviel Schlaf macht träge, zu wenig nervös. Etwa jeder dritte Erwachsene klagt über Schlafstörungen. Hast du Schwierigkeiten, laß dich von deinem Hausarzt beraten. Etwas mehr Bewegung, die Änderung der Eßgewohnheiten und einige Hausmittel können enorme Erleichterung verschaffen.

Leichtsinnigerweise sind Sport und eine ausgewogene Ernährung für viele Christen kein Thema. Dabei halten regelmäßige körperliche Übungen und die richtige Nahrung nicht nur den Körper, sondern auch die Seele gesund.
Vernachlässigungen des Körpers und Eßsünden in der ersten Lebenshälfte fordern in der zweiten Lebenshälfte ihren Tribut. Unwohlsein, Trägheit, zu hoher Blutdruck, ständige Arztbesuche – ausgerechnet in einer Zeit, in der die Kinder Teenager sind und keine wehleidigen, sondern unternehmungslustige Eltern brauchen!
Experten sagen: 80 Prozent aller unserer Krankheiten sind auf eine falsche Ernährung zurückzuführen. Wir essen zu schnell, zu viel, zu süß, zu salzig, zu fett, wir verschaffen uns zu wenig Bewegung – und dann klagen wir über allerlei Wehwehchen!
Wer mit vierzig Jahren ein regelmäßiges Ausdauertraining beginnt, gewinnt funktionell die Herz-Kreislauf-Leistungsfähigkeit eines zwanzig Jahre jüngeren, untrainierten Menschens. Dabei verlangt die Natur nichts Übermäßiges von uns. Ein tägliches Pensum von wenigstens zehn Minuten Ausdauer-

training oder ein dreimaliges Training von je rund einer halben Stunde pro Woche sind ausreichend. Die wirkungsvollen Ausdauersportarten sind Dauerlauf, Radfahren, Schwimmen, Skilanglauf, Training auf dem Heimfahrrad oder Heimrudergerät, flottes Tanzen, Wasserwandern mit dem Kanu oder Ruderboot oder ausdauernde Gymnastik – Hauptsache der Puls kommt für einige Zeit, u.a. je nach Alter, auf etwa 130 Schläge pro Minute.

Nimm diese Fakten ernst! Unter den aufgezählten Dingen müßte es doch etwas geben, das dich reizen könnte. Eberhard macht fast jeden Morgen einen halbstündigen Waldlauf und genießt es – nach der Anpassungszeit mit dem unvermeidlichen Muskelkater – durch die Luft zu schweben, dabei zu beten und den Tag zu planen. Claudia zieht mehrmals in der Woche einige Runden im Schwimmbad ihrer Freundin.

Was eine ausgewogene Ernährung betrifft, kannst du dich gut in Fachbüchern informieren. Hüte dich vor Übertreibungen und Extremen. Manch einer macht eine gesunde Ernährung zu seinem „Gott". Das haben wir nicht nötig.

Wichtig ist, die Grundgedanken zu beachten: Wir achten auf viel frisches Obst und Salate, haben unseren Fleischbedarf zugunsten von mehr Gemüse verringert und backen unser Brot und andere Teigwaren aus vollem Korn selbst. Süßigkeiten versuchen wir auf ein vernünftiges Maß zu reduzieren und ein Gegengewicht mit Nüssen, Trockenobst und frischem Obst zu setzen.

So leben wir, seitdem wir Kinder haben. Und wir können Unterschiede zu anderen Familien registrieren: Kaum jemand läuft mit der sonst so häufig zu beobachtenden Rotznase herum. Stecken sich andere laufend mit Infektionskrankheiten an, uns trifft es selten.

Noch einmal: Sich über die vielen Erziehungsjahre ausgeglichen und fit zu erhalten ist ein kleines Kunststück. Christen meinen manchmal, mit ein bißchen Gebet und „Gottvertrauen" würden sie es schaffen, und vernachlässigen ihren Energiehaushalt und ihre Gesundheit sträflich. Nichtchristen machen dagegen häufig ihre Ernährung oder den Sport zu ihrem „Gott".

Dabei fordert die Bibel, daß wir auf Geist, Seele und Leib zu achten haben und diese drei zusammenhalten sollen. Was für eine wunderbar ausgewogene Sicht!

ZUM NACHDENKEN UND DISKUTIEREN

– Kindererziehung kann mit einem Marathonlauf verglichen
werden. Du mußt deine Kräfte für alle Erziehungsjahre klug
aufteilen!
Fragen: Gelingt es dir, verbrauchte Energie wieder zurückzu-
gewinnen?
Welche praktischen Schritte willst du jetzt in Angriff nehmen?
Welche sportliche Betätigung würde dir zusagen?
Kennst du deine persönlichen „Eßsünden"? Willst du sie abstellen?

Heilung und Ruhe für deine Seele

Wie häufig müssen doch Kinder unter den Fehlern und Unzulänglichkeiten der Eltern leiden! Es ist ein Drama: Von Generation zu Generation wird seelisches Leid weitergegeben! Ge-
fühlsarmut, Ablehnung, Unbeherrschtheit – das sind einige
der „Erbstücke", die weitergereicht werden.

Vor einiger Zeit waren wir bei einem christlichen Kongreß mit über fünftausend Teilnehmern. Einer der Redner sprach eindringlich über die seelischen Verletzungen aus der Kindheit, vor allem aufgrund von fehlender Vaterliebe. Anschließend machte er einen Aufruf zum Heilungsgebet. Wir wollten unseren Augen nicht trauen: Fast die Hälfte der Zuhörer strömte nach vorn, um Veränderung zu erfahren. Bestürzt fragten wir uns: „Was spielt sich nur in den Familien ab? Werden diese jungen oder künftigen Eltern es endlich schaffen, ihrem Ehepartner und ihren Kindern weniger Leid zuzufügen, als es früher in ihrer Familie geschehen ist?"

So viele gehen mit den besten Vorsätzen in eine Ehe. Sie träumen von einer Familienidylle, wollen alles besser machen als die eigenen Eltern und schaffen es doch nicht.

Wenn du nicht Ordnung und Heilung in dein Leben hineinbringen läßt, wird dich die Vergangenheit wieder einholen!

Es zeigt sich immer wieder dasselbe Muster: Wenn deine Persönlichkeit keine tiefgreifende Veränderung erfährt, tendierst du dazu, in Streß- und Überforderungssituationen unbewußt so zu reagieren, wie du es selbst in deiner Kindheit erlebt und beobachtet hast. Deswegen wiederholen sich von Generation zu Generation die gleichen Leidensgeschichten.

Du möchtest geduldig und liebevoll auf dein Kind eingehen. Aber nein, alles läuft schief. Der Hund macht auf den Teppich, die Kleine reißt die Blumentöpfe um, das Telefon klingelt zu den unpassendsten Momenten. Du merkst, daß deine Nerven zum Reißen angespannt sind, und dann verhält sich dein Großer auch noch so dämlich, daß du ihn anschreist und wie wild schüttelst ... genauso, wie du es selbst bei deiner Mutter erlebt und gehaßt hast. Dabei wolltest du doch mit deinen Kindern alles besser machen!

Ein verletzter Mensch verletzt wieder! Aber ein Mensch, der weiß, daß er nicht allein auf sich angewiesen ist, ein Mensch, der Vergebung gefunden und Heilung seiner Seele erfahren hat und mit innerem Frieden und einem guten Gewissen lebt, kann aus diesem Kreislauf ausbrechen. Er kann Liebe weitergeben – selbst, wenn ihm gerade nicht danach zumute ist.

Das durch eiserne Vorsätze oder allein durch eine geschickte Psychoanalyse zu erreichen, halten wir für unmöglich. Dazu gehört die Einsicht, von Gott Hilfe annehmen zu wollen, dazu gehören Gebet und eine gute christliche Seelsorge.

Folgender Bibelvers weist den Weg. Jesus sagt: „Kommt her zu mir, alle ihr Mühseligen und Beladenen, und ich werde euch Ruhe geben. Nehmt auf euch mein Joch, und lernt von mir, denn ich bin sanftmütig und von Herzen demütig, und ihr werdet Ruhe finden für eure Seelen ..." (Matthäus 11,28-29).

Das Familienleben wird immer eine Herausforderung bleiben. Kinder werden die Grenzen deiner Belastbarkeit ausloten. Aber es muß nicht in einer Überforderung enden!

Dazu wollten wir dir mit diesen Ratschlägen helfen:

- Es kommt auf deine grundsätzliche Haltung zur Familie und zu den Kindern an. Eine zuversichtliche Einstellung wird Energien freisetzen!
- Es ist wichtig, daß du die entsprechende Aufmerksamkeit in deine Ehe investiert. Dann wird sie für dich eine Quelle der Kraft bleiben!
- Deine Belastbarkeit wird von dem klugen Umgang mit deinem Energiehaushalt abhängig sein: Halte Geist, Seele und Leib zusammen!
- Und es kommt darauf an, wie versöhnt du mit deiner Vergangenheit lebst und wie es dir gelingt, „Ruhe für deine Seele" zu bewahren. Dazu weist dir die Bibel den Weg!

Teil II
Trainiere dein Kind

Suchst du, wie wir damals, nach einem biblisch-orientierten Erziehungsstil, dann findest du dein Vorbild in Gott, dem Vater. So, wie er dir begegnet und dich erzieht, so sollst auch du auf deine Kinder eingehen: mit derselben bedingungslosen Liebe, mit Unterweisung und Disziplinierung!

Diese drei „Grundsäulen" des Umgangs mit Kindern findest du im Neuen Testament, in Epheser 6, Vers 4, wieder aufgeführt: „Und ihr Väter, reizt eure Kinder nicht zum Zorn, sondern zieht sie auf in der Zucht und Ermahnung des Herrn."

Dazu haben wir das leicht eingängige „Familienhaus" entworfen. Diese Abbildung sollte dir immer vor Augen stehen, wenn du an Erziehung denkst (s. S. 15).

Zunächst einmal muß das Fundament gelegt werden. Wir haben dir das erläutert und dir praktische Tips gegeben. Je nachdem, wie gut dieses Fundament steht, wird sich alles weitere leichter oder schwerer darauf aufbauen lassen.

Es wird dich eventuell verblüffen: Der Belehrung und Unterweisung von Kindern wird in der Bibel eine ganz große Bedeutung beigemessen – eine größere, als ihr manche modernen Erziehungswissenschaftler zugestehen. Die Eltern werden ermahnt, dies nicht zu vernachlässigen, und die Kinder, auf ihre Eltern zu hören.

Hier einige Kostproben:

„Und diese Worte, die ich dir heute gebiete, sollst du auf dem Herzen tragen, und du sollst sie deinen Kindern fleißig einschärfen …" (5. Mose 6, 6-7, Schlachter).

„Höre, mein Sohn, die Unterweisung deines Vaters, und verwirf nicht die Lehre deiner Mutter" (Sprüche 1, 8, Schlachter).

„Bewahre, mein Sohn, das Gebot deines Vaters, und verwirf nicht die Lehre deiner Mutter! Binde sie beständig auf dein Herz, hänge sie um deinen Hals; auf deinen Gängen sollen sie dich geleiten, auf deinem Lager dich behüten und wenn du aufstehst, dir in den Sinn kommen!" (Sprüche 6, 20-22).

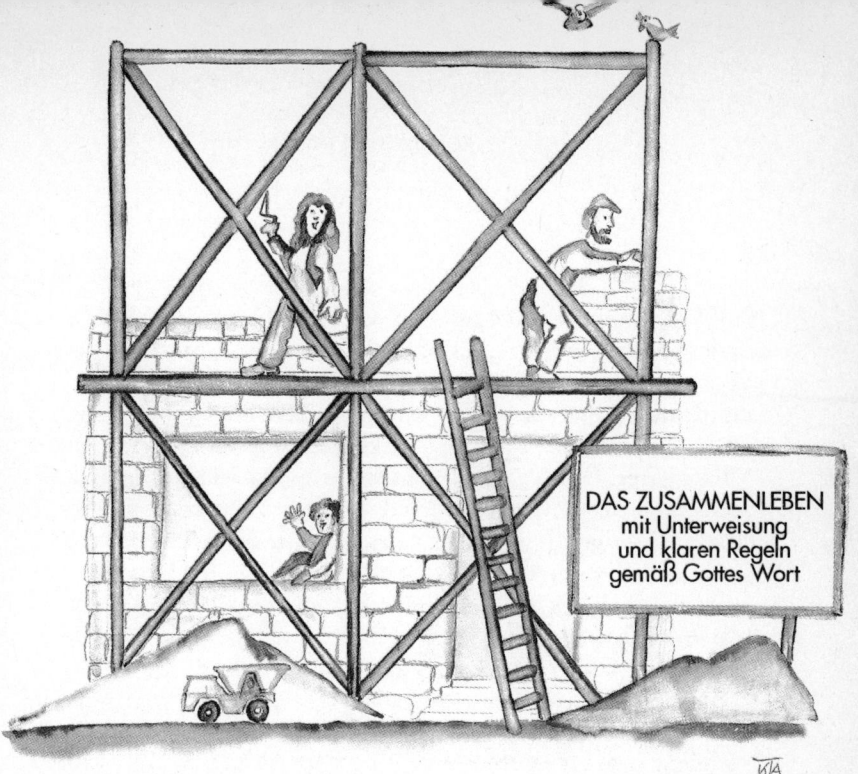

DAS ZUSAMMENLEBEN
mit Unterweisung
und klaren Regeln
gemäß Gottes Wort

„Erziehe den Knaben seinem Weg gemäß; er wird nicht davon weichen, auch wenn er älter wird" (Sprüche 22,6).

Nimmst du diese Verse ernst, dann wirst du dir Gedanken machen müssen, was alles zu deiner Unterweisung gehören soll und wie du dies deinem Kind am besten beibringen kannst.

Uns ist aufgefallen, daß die Bibel neben den Anweisungen aus Epheser 6 zwei Bereiche für die Unterweisung deiner Kinder besonders betont:

- Zum einen, ihnen die biblischen Werte „einzuschärfen" (5. Mose 6, 6-7),
- und zum anderen, Denkmuster und Gewohnheiten einzuüben, die für „den Weg" des Kindes wichtig sind (Sprüche 22,6).

Auf diese zwei Bereiche wollen wir in diesem Teil des Buches besonders eingehen, zuvor aber einige allgemeine Richtlinien genauer ansehen.

Nicht mutlos machen!

„Reizt eure Kinder nicht zum Zorn ..." ist eine ernste Ermahnung an Eltern aller Zeiten. In einem Parallelvers in Kolosser 3,21, steht zur Ergänzung: „... damit sie nicht mutlos werden."
Nicht nur Kinder können Anlaß zu Ärger und Mutlosigkeit geben, sondern auch Eltern!
Was an deinem Verhalten könnte dein Kind zornig und mutlos werden lassen?
Eine Unterweisung und Familienregeln, die ein Kind überfordern oder zu sehr einengen, sowie eine Disziplinierung, die zu hart ausfällt und das Wertgefühl des Kindes verletzt, frustrieren es zutiefst!
Deswegen werden wir ausführlich beschreiben, wie „ein Aufziehen mit Zucht und Ermahnung" auszusehen hat, damit ein Kind weder enttäuscht noch überfordert wird.
Hört man das deutsche Wort „Zucht", denken viele allein an Züchtigung in Form von Schlägen. Das ist ein falsches Verständnis! Im griechischen Urtext steht das Wort *paideuein*; es muß korrekterweise mit „zurechtweisen", „zurechtleiten" und „anleiten" übersetzt werden. Wenn die Bibel von „züchtigen" spricht, dann handelt es sich also nicht in erster Linie um Schläge, sondern um ein pädagogisch begründetes, korrigierendes Eingreifen. Bitte, denk daran, wenn du die einschlägigen Bibelverse zur „Zucht" liest.
Mit „Ermahnung" verstehen wir alles, was zur Belehrung, zur Unterweisung und zum Aufstellen von Familienregeln gehört.
Auf einem soliden Fundament der bedingungslosen Liebe soll also ein Aufziehen mit Unterweisung und Disziplinierung erfolgen, und zwar so, daß kein Kind zornig und mutlos werden muß!

Indirekte und direkte Erziehung

Dein „Aufziehen" verläuft auf zwei Ebenen: auf einer „indirekten" und einer „direkten". Der Erziehungswissenschaftler Wolfgang Brezinka unterscheidet zwischen diesen beiden Möglichkeiten und meint: Indirekte Erziehung ist noch wichtiger als direkte!

Die Ratschläge, die wir im ersten Teil zur Familienatmosphäre gegeben haben, gehören demnach zur „indirekten Erziehung". Bei einem guten Familienklima kannst du erwarten, daß deine Kinder die Grundeinstellungen zum Leben weitgehend spontan lernen: durch dein Vorbild und durch die Gewöhnung, die aus dem gemeinsamen Gestalten des Alltags geschieht. Dein gesamter Lebensstil, die Art, wie du dein Leben bewältigst, ist eine machtvolle Erziehung ohne große Worte.

Demgegenüber nimmt die „direkte Erziehung" mit Zureden, Ermahnen, Unterweisen, Disziplinieren und Strafen einen geringeren Stellenwert ein!

Hättest du das gedacht? Vielfach wird das Gegenteil angenommen. Dieser Hinweis sollte dich stärker auf deine indirekten Botschaften achten lassen und dich anspornen, in deiner Persönlichkeit und deinem Lebensstil so verändert zu werden, daß du deinen Kindern mit gutem Gewissen ein Vorbild sein kannst.

Das Ziel aller Erziehung

Was, meinst du, ist nun das Ziel des Aufziehens beziehungsweise des Erziehens?

Nimmst du dir wieder Gott, deinen himmlischen Vater, als Vorbild, dann siehst du: es ist sein Ziel, dich anzuleiten und zu „bevollmächtigen", in seiner Kraft und in Gemeinschaft mit ihm zu leben. „Wir sind Gottes Mitarbeiter", sagt der Apostel Paulus dazu (1. Korinther 3,9). Mit der gleichen Haltung ist Jesus seinen Jüngern begegnet: Er hat sie in seine Jüngerschaft genommen, das heißt, mit ihnen gelebt, sie belehrt und angeleitet, eigenständig in seinem Namen Gottes Reich zu bauen.

Christliche Elternschaft geht einen ähnlichen Weg. Wie klingt das? Deine Familie ist eine „Jüngerschaftsschule" über runde zwanzig Jahre! Du lebst mit deinen Kindern, teilst mit ihnen dein Leben, belehrst und leitest sie zu einem selbstverantwortlichen Leben vor Gott an. Das nennt die Bibel „bevollmächtigen".

Bitte, mach dir immer wieder klar, daß dein Kind nicht dein, sondern Gottes Eigentum ist, das er dir als eine Gabe für die Jahre der Unmündigkeit anvertraut hat. So steht es in Psalm 127,3. Christliche Erziehung ist immer eine Anleitung zu einer größer werdenden Eigenverantwortung vor Gott. Christliche Eltern werden sich immer ins „Loslassen" einüben und sich damit „arbeitslos" machen!

Es ist nicht leicht, diesen Prozeß durchzustehen. Deswegen machen wir dich schon jetzt, wo dein Kind noch klein ist, darauf aufmerksam. Ein Baby ist zunächst einmal total von seinen Eltern abhängig. Es ist so hilflos, daß es noch nicht einmal einen Tag ohne Pflege und Fürsorge verbringen kann. Deswegen üben Eltern bei kleinen Kindern auch eine starke Kontrolle aus. Eins der ersten Dinge, die dein Kind lernt, ist ein tiefes Vertrauen in dich. Dieses Urvertrauen wird vor allem durch deine Zuverlässigkeit und liebevolle Ermutigung aufgebaut.

Mit dem Größerwerden des Kindes müssen jedoch auch die

Eltern lernen, ihrem Kind zu vertrauen. Sie müssen gleichzeitig mit dem reifenden Kind wachsen und ihren Erziehungsstil verändern und anpassen. Klar ausgedrückt: Eine Zwölfjährige darfst du nicht mehr so stark lenken wie eine Sechsjährige.

Das einzuhalten fällt manchen Eltern enorm schwer. Sie können oder wollen ihr Kind nicht freigeben, trauen ihm keine Eigenständigkeit zu und „bemuttern" und bevormunden es stärker, als gut ist.

Die folgende Skizze zeigt dir den Verlauf einer „Bevollmächtigung" zu immer größerer Eigenständigkeit und Selbstkontrolle deines Kindes.

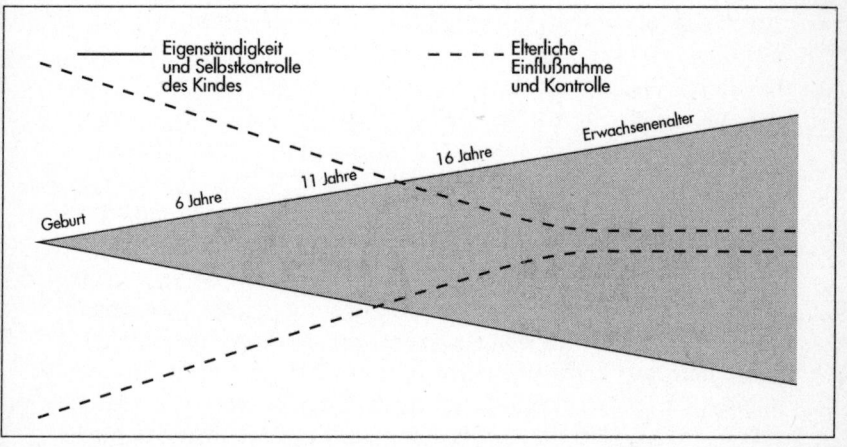

(B.N. Chase, „Discipline them, love them", David C. Cook Publishing)

Die graue Fläche zeigt die gewünschte Eigenständigkeit und Selbstkontrolle des Kindes, die mit dem Alter zunimmt. Die Fläche zwischen den gestrichelten Linien deutet die zunächst große elterliche Kontrolle und Einflußnahme an, die aber mit dem Älterwerden des Kindes abnehmen muß und von dessen Eigenkontrolle abgelöst wird.

Du siehst, die Altersgruppe, die wir in diesem Buch ansprechen, nämlich die von fünf Jahren bis zum Beginn der Pubertät mit etwa elf oder zwölf Jahren, braucht zunächst einmal eine starke Belehrung und Lenkung, die dann aber abnehmen muß.

Halte dir das bitte vor Augen, wenn du unsere Ratschläge zu Unterweisung und Disziplinierung liest. Hinterfrage deine Erziehungsvorsätze: „Führen sie mein Kind in größere Selbständigkeit oder in größere Abhängigkeit?" Wenn du dein Kind korrigierst oder ihm Grenzen setzt, dann doch, damit es Eigenkontrolle lernt und die Fähigkeit, auch dann die richtigen Dinge zu tun, wenn Mama und Papa nicht da sind.

Willst du wissen, woran du erkennen kannst, ob du auf dem Weg bist, dieses Ziel zu erreichen?

Ganz einfach: du bist dann auf dem richtigen Weg, wenn dein Kind auch in deiner Abwesenheit auf die Familienregeln achtet und sich verantwortlich verhält. Es gibt genügend Kinder, die sich nur daran halten, solange sie sich im Einflußbereich ihrer Eltern befinden. Sobald die Eltern weg sind, stellen sie alles auf den Kopf.

Solch ein Kind hat die Erziehung durch seine Eltern nicht verinnerlicht, sondern gehorcht lediglich, weil sie Macht gebrauchen. Das beobachten wir leider recht häufig. Man kann halt nicht einem Kind seine eigenen Wertvorstellungen aufzwingen und überstülpen. Es anzupredigen und Druck zu machen haben lediglich eine Kurzzeitwirkung – nämlich so lange, wie Eltern die Kontrolle wahren können.

Achte auf ein Familienklima mit bedingungsloser Liebe und gegenseitiger Wertschätzung, gib deinem Kind so viel Freiheit, wie es tragen kann, und immer wieder Möglichkeiten zur freien Entscheidung.

Wenn es die Freiheit mißbraucht, dann sprich mit dem Kind, setze Grenzen, und gib ihm erneut eine Gelegenheit, sich zu bewähren. Stell dir vor, du hast deinem Siebenjährigen erlaubt, vor dem Haus zu spielen, aber mit der Auflage, dir Bescheid zu sagen, wenn er fortgehen will. Jetzt ist er einfach verschwunden. Du wirst ihn zur Rede stellen: „Sag mal, was war unsere Regel?", und mit einer „logischen Konsequenz" Grenzen setzen, weil er seine Freiheit mißbraucht hat. „Schätzchen", wirst du sagen, „den Rest des Nachmittags spielst du auf dem Hof, damit ich dich immer sehen kann. Und Morgen können wir wieder versuchen, ob du mit deiner Freiheit richtig umgehen kannst." Mit diesen Worten hast du Grenzen gesetzt, ihm aber auch eine Chance gegeben, sich erneut verantwortlich verhalten zu können.

Gewöhne dir an, schon kleinen Kindern klar umrissene Entscheidungsmöglichkeiten zu gewähren. Deinen Vierjährigen kannst du fragen: „Welchen Pullover möchtest du heute anziehen?", „Willst du diese Wurst aufs Brot oder den anderen Aufstrich?". Älteren Kindern kannst du komplexere Entscheidungsmöglichkeiten überlassen: „Möchtest du dein Taschengeld lieber wöchentlich haben, oder meinst du, du könntest es über vierzehn Tage oder sogar einen Monat einteilen?", „Was denkst du, ist die beste Zeit für deine Hausaufgaben? Gleich nach dem Mittagessen oder lieber am späten Nachmittag?"

Mit dieser Freiheit und dem Vertrauen, das du deinen Kindern zeigst, schaffst du die besten Voraussetzungen, daß sie zuversichtlich lernen, das Leben eigenverantwortlich in die Hände zu nehmen.

ZUM NACHDENKEN UND DISKUTIEREN

– Christliche Erziehung ist immer eine Anleitung zu einer größer werdenden Selbstkontrolle und Eigenverantwortung vor Gott!
Aufgaben: Liste die Punkte auf, in denen du deinem Kind wirklich vertrauen kannst, wenn es nicht unter deiner Kontrolle ist.
Hinterfrage deine Erziehungsvorsätze: Führen sie dein Kind in größere Selbständigkeit oder in größere Abhängigkeit?
Fragen: Gewährst du deinem Kind die altersgemäße Freiheit, die es braucht, um sich eigenverantwortlich entwickeln zu können?
Welche eigenen Entscheidungsmöglichkeiten hat es?

Die kostbarsten Jahre

Das Schaubild zur „Bevollmächtigung" zeigt dir gleichzeitig, daß die Familienjahre, die jetzt vor dir liegen, sehr entscheidend sind. Wenn du es richtig machst, kannst du sehr viel guten Einfluß auf dein Kind nehmen und ihm „Werkzeuge" des Denkens und Handelns mitgeben, die es sein ganzes Leben gebrauchen wird. Wir kennen es von unserer Familie: Stimmt das „Fundament", dann bewundern Kinder dieser Altersgruppe in der Regel ihre Eltern und haben sie als ihr großes Vorbild vor Augen. Unsere erwachsenen Kinder sagen scherzhaft über ihre jüngeren Geschwister: „Ja, die Kleinen, die gehören zu Papas Fan-Club." Womit sie recht haben. Ihr Anhimmeln tut seinem Selbstwertgefühl sehr gut.

Geh unbedingt auf ihre vielen Fragen ein. Im Alter von vier oder fünf Jahren geht es damit ja so richtig los. Der Wissensdurst ist manchmal nicht zu sättigen.

Eberhard fand vor kurzem eine kleine Geschichte:

„Ein Junge fragt seinen Vater: ‚Papa, wohin geht der Mond am Tag?'
‚Ich weiß es nicht', antwortet sein Vater.
Nach ein paar Minuten ist der Junge wieder da. ‚Papa, warum fliegen die Vögel im Herbst in den Süden?'
‚Ich weiß es nicht', sagt der Vater.
Es dauert nicht lange, und der Junge versucht es wieder: ‚Papa, wieviel Äpfel wachsen auf einem Apfelbaum?'
‚Ich habe keine Ahnung', antwortet der Vater.
‚Papa', sagt der Junge, ‚hast du etwas dagegen, daß ich dir all die Fragen stelle?'
‚Natürlich nicht', antwortet der Vater. ‚Wie sollst du sonst etwas lernen?'"

Wenn wir uns unterhalten und unsere fünfjährige Tirza sitzt dabei und schnappt einen Begriff auf, den sie nicht versteht, dann

will sie es genau wissen: „Papa, was heißt ‚erziehen‘?" „Mama, was ist ‚sich lustig machen‘?"

Und jetzt heißt es, Zeit zu haben, die vielen Fragen zu beantworten, Belehrung zu geben und Lebensregeln einzuüben. Geh in die Knie, suche den Augenkontakt, und finde altersgemäße Worte, um den Wissensdurst zu befriedigen. Unserer Tirza haben wir gesagt: „Frag immer, wenn du etwas nicht verstehst. Das wird dich richtig klug machen." So bringt sie mit großem Ernst und Eifer ihre Fragen an.

Bitte, laß dich immer darauf ein, selbst, wenn es dir auf die Nerven gehen sollte. Die Jahre bis zur Vorpubertät gehören mit zu den wichtigsten Lernjahren. Schieb dein Kind nicht ab: „Das verstehst du noch nicht. Wenn du einmal größer bist, dann …" Oder: „Jetzt habe ich keine Zeit. Komm später noch einmal …"

Du sollst die erste Quelle aller Informationen sein. Das gehört zu deinem Erziehungsauftrag. Trau es dir zu, und wenn du keine Antwort weißt, dann schlagt zusammen das Kinderlexikon auf, und sucht die Lösung gemeinsam.

In dieser Altersphase hat dein Kind volles Vertrauen in dich, will alles von dir wissen – und stell dir vor: Es glaubt dir auch alles!

Welch eine Chance, aber auch, welch eine Verantwortung! Ist dein Kind erst einmal in den Teenagerjahren, kann sich das ändern. Wer nicht bereit ist, auf den Wissensdurst seiner kleinen Kinder einzugehen, muß sich nicht wundern, wenn ihn seine älteren Kindern nichts fragen.

Dieses schärfe
deinen Kindern ein ...

Das Volk Israel hatte sich damals inmitten einer heidnischen Umwelt zu behaupten, es mußte seinen Glauben bewahren und seinen Kindern den lebendigen Gott vor Augen halten. Deswegen diese eindringlichen Forderungen in 5. Mose 6.

Wie sieht es heute aus? Wie christlich ist unsere Umwelt? Wo finden deine Kinder christliche Vorbilder und eine bibeltreue Belehrung? In den Medien oder in der Schule oder in der Kirche? In den seltensten Fällen!

Wir leben in einem nachchristlichen Abendland. Deine Kinder wachsen tatsächlich in einer ähnlich heidnischen Umwelt auf wie die Kinder der Israeliten. Die Ermahnungen, die ihnen damals gegeben wurden, sind heute wieder hochaktuell.

Mach dir bewußt, daß Kinder in einer zweifachen Bedrohung stehen: einerseits werden sie dem christlichen Glauben mehr und mehr entfremdet, und andererseit werden sie zunehmend in eine mystisch-magische Welt hineingezogen. So, wie die Bedeutung des christlichen Glaubens abnimmt, gewinnen New-Age-Denken, Okkultismus und Spiritismus an Attraktivität.

Dies ist ein geistlicher Notstand, und deswegen brauchst du für deine Familie ein sorgfältig durchdachtes Programm für die Verwirklichung eines christlichen Lebensstils und für die biblische Unterweisung deiner Kinder. Das Tischgebet und das Vorlesen eines frommen Kalenderblattes reichen nicht aus! Die Entfremdung und Bedrohung ist zu groß.

Wie dies nun bei den verschiedenen Altersstufen verwirklicht werden kann, werden wir jetzt nicht beschreiben können. Dazu hat Eberhard ein Buch mit vielen praktischen Ratschlägen geschrieben. Einige grundlegende Gedanken daraus wollen wir dir mitgeben (E. Mühlan, „Früh übt sich...!", Schulte & Gerth ⁴1990, S. 9-15):

„In 5. Mose, Kapitel 6, findest du eine der wichtigsten Anleitungen für Eltern zur biblischen Unterweisung in der Familie: ‚Du sollst den Herrn, deinen Gott, lieben mit deinem ganzen Herzen und mit deiner ganzen Seele und mit deiner ganzen Kraft. Und diese Worte, die ich dir heute gebiete, sollen in deinem Herzen sein. Und du sollst sie deinen Kindern einschärfen, und du sollst davon reden, wenn du in deinem Hause sitzt und wenn du auf dem Weg gehst, wenn du dich hinlegst und wenn du aufstehst' (Verse 5-7).

Über diese Verse kann ich mich immer wieder neu begeistern. Lebendig und praxisnah erläutern sie Eltern, worauf es bei einer biblischen Unterweisung ankommt. Fünf Prinzipien lese ich heraus:

– Eltern tragen die Hauptverantwortung!

Tatsächlich, uns Eltern wird die Hauptverantwortung für die biblische Unterweisung unserer Kinder aufgetragen. Du

darfst diese nicht einfach auf andere Schultern abwälzen und meinen: ‚Ach, dafür ist unser Pastor zuständig‘ oder: ‚Das machen doch schon die Mitarbeiter der Kinderarbeit.‘

Ich wünsche mir, daß dir die folgende Erkenntnis richtig unter die Haut geht: ‚Gott hat mir meine Kinder für die Jahre ihrer Unmündigkeit anvertraut. Er wird einmal Rechenschaft fordern und mich fragen: Welches Bild hast du ihnen von mir vermittelt, und was hast du ihnen mit auf den Lebensweg gegeben?‘

Es hat auch wenig Sinn, über die bösen Einflüsse zu klagen oder auf die Gemeinde und Kindermitarbeiter zu schimpfen, die sich mehr Zeit für deine Kinder nehmen sollten.

Vor Gott trägst du ohnehin die Hauptverantwortung! Alle anderen Einrichtungen können dir helfen, aber dir diese Aufgabe nicht abnehmen. Und wenn andere das vernachlässigen, mußt du dich um so stärker darum kümmern.

– Biblische Unterweisung ist ein Gebot Gottes!

Lehre und Anbetung in der Familie ist nicht eine Möglichkeit oder ein guter Ratschlag, sondern ein Gebot Gottes. Zumindest für Christen, die ihre Bibel beim Wort nehmen. In diesen Versen liest du genauso ein ‚Du sollst …!‘ wie bei den zehn Geboten. Das hat mir sehr zu denken gegeben.

– Ein aktives Lernen und Einüben von Gottes Geboten!

‚… du sollst sie deinen Kindern einschärfen …‘! Der Begriff ‚einschärfen‘ hat mir keine Ruhe gelassen. Damit kann doch nur ein aktives Lernen und Einüben von Gottes Geboten gemeint sein! Keine routiniert abgespulten Familienandachten oder schläfrige Minuten vor dem Zubettgehen, sondern ein gut durchdachtes, geistliches Training, das anti-christliche Manipulationsbestrebungen berücksichtigt!

– Keine sture Paukerei!

Du könntest diesen Begriff ‚einschärfen‘ leicht mißverstehen. Damit ist bestimmt keine sture Paukerei gemeint: Alle Kinder stehen wie die Orgelpfeifen, und du fragst mit dem Zeigestock Bibelverse ab. Nein, Gottes Wort meint es anders.

Biblische Unterweisung soll sich natürlich und harmonisch in den Tagesablauf einpassen und auf die alltäglichen Erfahrungen Bezug nehmen: ‚Und du sollst davon reden, wenn du in deinem Hause sitzt (beim Nachmittagskaffee auf der Terrasse) und wenn du auf dem Wege gehst (zum Einkauf bei Aldi), wenn du dich hinlegst und wenn du aufstehst' (Vers 7).

Also nicht nur ‚geheiligte' zehn Minuten am Frühstückstisch, und dann wird nicht mehr über Gott und Glauben gesprochen. Es muß dir gelingen, über Gott und den christlichen Lebensstil zu jeder Tageszeit zu sprechen. So, wie du mit deinen Kindern über andere Dinge plauderst, so auch über Glaubensfragen.

Kinder sind da viel unkomplizierter als wir Eltern, oder nicht? Da schiebst du den Einkaufswagen durch die Gänge des Supermarktes. Dein Kleiner singt lauthals die frommen Lieder von der Kinderstunde, und du schaust peinlich berührt zur Seite oder tust so, als sei es nicht dein Kind.

Kinder müssen an dir erleben, daß der Glaube an Jesus Christus nichts Peinliches oder etwas zu Verheimlichendes ist, sondern die natürlichste und begeisterndste Sache der Welt, die jeder erfahren darf.
– Gott selbst erlebt haben!

‚Du sollst den Herrn, deinen Gott, lieben mit deinem ganzen Herzen und mit deiner ganzen Seele und mit deiner ganzen Kraft' (Vers 5-6).

Biblische Unterweisung erstarrt in Religiösität und Gesetzlichkeit, wenn Eltern nicht selbst eine persönliche Beziehung zu Jesus haben, vom Glauben ergriffen sind und auch entsprechend leben.

Dein Vorbild ist von elementarer Wichtigkeit. Wie erlebt dein Kind deinen christlichen Glauben? Sieht dein Kind, wie du häufig in der Bibel liest, hört es, wie du täglich betest und dich ungezwungen über deine Glaubenserfahrungen unterhältst? Wie registriert das Kind deine Aufrichtigkeit und deine Liebe zum Nächsten? Die Familie ist wohl der Ort, an dem sich am deutlichsten zeigen kann, daß Jesus dein Leben verändert hat.

*

Zum ‚geistlichen Training' deiner Kinder gehören also zwei wichtige Bereiche: der eine ist eine zielgerichtete biblische Unterweisung und der andere der Lebensstil in deiner Familie. Beides gehört zusammen!

Jesus warf den religiösen Führern seiner Zeit zweierlei vor: ,Ihr irrt, weil ihr die Schriften nicht kennt, noch die Kraft Gottes'! (Matthäus 22,29).

Damit deine Kinder nicht auch einmal ,in die Irre' gehen, müssen sie die ,Schriften' wie auch die ,Kraft Gottes' kennenlernen, das heißt doch, sie brauchen eine sorgfältige biblische Unterweisung und müssen gleichzeitig durch einen natürlichen und begeisternden christlichen Lebensstil in der Familie und in der Gemeinde die Kraft Gottes kennenlernen."

ZUM NACHDENKEN UND DISKUTIEREN

– Kinder stehen in einer zweifachen Bedrohung: einerseits werden sie dem christlichen Glauben mehr und mehr entfremdet, und andererseits werden sie zunehmend in eine mystisch-magische Welt hineingezogen!

Fragen: Kennst du die anti-christlichen Einflüsse auf deine Kinder, und bist du mit ihnen im Gespräch darüber?

Worin unterscheidet sich euer Lebensstil von dem nichtchristlicher Familien? Begeistert er deine Kinder?

Kommst du dem Gebot der christlichen Unterweisung im biblischen Sinne nach? Was mußt du konkret verändern?

Auf dem richtigen Weg

Die Verwirklichung eines christlichen Lebensstils und die Unterweisung in den biblischen Werten ist der eine Bereich, den die Bibel nennt. Der zweite ist das Einüben von Denkmustern und Gewohnheiten: „Erziehe den Knaben seinem Weg gemäß, er wird nicht davon weichen, auch wenn er älter wird" (Sprüche 22,6).

Dieser Vers wird oft zitiert, wenn es um Erziehung geht. Er wird allerdings auch häufig falsch ausgelegt. Um ihn richtig zu verstehen, muß man sich eng an den hebräischen Urtext halten.

„Erziehe" (hebr. *charak*) hat die Bedeutung von *trainieren, Anweisungen geben.*

„Seinem Weg gemäß" muß verstanden werden im Sinne von *seiner Neigung / seinem Charakter gemäß.*

Genauer übersetzt muß man den Vers also folgendermaßen lesen: „Trainiere ein Kind seinen Neigungen / Charakterzügen gemäß, es wird nicht davon weichen, auch wenn es älter wird."

Du kannst aus dem Vers zumindest drei Botschaften herauslesen:

- Die Aufforderung, das Kind im Sinne von *Trainieren und Einüben* zu erziehen.
- Um das zu können, mußt du das Kind mit seinen Stärken und Schwächen gut kennen, denn es soll ein Einüben „seinem Weg", das heißt, seinen *Neigungen* und seinem *Charakter* gemäß sein.
- „... er wird nicht davon weichen, auch wenn er älter wird". Wie ist das zu verstehen?
Manche betrachten diese Aussage als eine Garantie dafür, daß ein gut erzogenes Kind niemals rebellieren und immer auf dem „rechten Weg" bleiben würde.
Diese Schlußfolgerung ist falsch. Genauso falsch, wie wenn

man annehmen würde, daß nur Gerechte graue Haare bekämen. So müßtest du dann nämlich den Vers 31 aus Kapitel 16 auslegen.

Die Weisheitssprüche des Alten Testamentes geben keine festen Prognosen für die Zukunft eines Menschen, sondern nennen die Absichten Gottes, wenn sich jemand an seine Ordnungen hält.

Selbst die beste Kindererziehung wird nicht automatisch „brave" Kinder und Jugendliche bewirken. Das ist ein Trugschluß. Denn Eltern sind nicht die einzigen, die auf das Kind einwirken. Da sind noch die viel Wirbel verursachenden Umwelteinflüsse und der eigene Wille des Kindes, der viele gute Absichten der Eltern zunichte machen kann. Und auch Gott wird diesen freien Willen achten und niemanden manipulieren oder zwingen, auf dem „rechten Weg" zu bleiben.

Nun möchtest du deinen Teil in der Persönlichkeitsentwicklung deines Kindes gut erfüllen und es seinen Neigungen und Charakterzügen gemäß auf seinem Weg trainieren. Dazu brauchst du ein treffendes Konzept:

– Male dir die Stärken und Schwächen deines Kindes vor Augen.
– Formuliere Ziele: Welche konkreten Verhaltensweisen möchtest du in deinem Kind verwirklicht sehen?
– Suche nach Wegen, um diese Tugenden einzuüben!

Das Besondere an deinem Kind

Willst du dein Kind effektiv erziehen und fördern, dann mußt du seine Einzigartigkeit im Vergleich zu anderen Kindern erkennen und in der Lage sein, mit seinen individuellen Stärken und Schwächen umzugehen.

Wenn Gott dir ein Kind schenkt, dann kennst du es noch nicht. Während es heranwächst, hast du das atemberaubende Vorrecht, eine komplette, eigene Persönlichkeit zu entdecken und zu formen. Bereits wenn es sieben oder acht Jahre alt ist, wird es dir möglich sein, dessen Fähigkeiten und Begrenzungen in etwa zu benennen.

Warum ist dies wichtig?

- Du wirst dein Kind besser verstehen!
- Dadurch kannst du sein Selbstwertgefühl treffender stärken!
- Du kannst vermeiden, etwas aus deinem Kind machen zu wollen, wozu es gar nicht in der Lage ist!
- Du kannst es bedingungslos lieben!
- Du wirst besser vorbereitet, Gottes Plan für dein Kind zu befolgen!

Die speziellen Fähigkeiten und Begrenzungen eines Kindes kann man gut mit den drei Farben einer Verkehrsampel vergleichen. Das „grüne Licht" symbolisiert die *Fähigkeiten* im Leben eines Kindes. In diesen Bereichen ist es motiviert, hat es Erfolg und Freude. Die „gelben" und die „roten Lichter" stehen dagegen für die *Begrenzungen*. In dem „Gelbbereich" kann es mithalten, jedoch nur durchschnittlich. Das „Rot" sind Gebiete, in denen es weder Freude noch Erfolg hat.

Das gehört nun zu deiner Erziehungsaufgabe: Zu erkennen, wo die „roten", „gelben" und „grünen" Bereiche im Leben deines Kindes zu finden sind, und es entsprechend zu fördern!

Dies gelingt am besten, indem du seine spontanen Neigungen beobachtest – was es von sich aus gern tut beziehungsweise ablehnt –, seine Gewohnheiten, seine Temperamentsanteile usw. Für das eine Kind mag Fußball das strahlende „Grün" sein, für ein anderes dagegen, drinnen zu hocken und zu schmökern.

Wenn sich ein Kind in seinen „Grünbereichen" betätigt finden kann, erfährt es Befriedigung und die Stärkung seines Selbstwertgefühls. Wird es gezwungen, ständig in seinen „Gelb-" und „Rotbereichen" zu arbeiten, dann wird es erfolglos bleiben und frustriert reagieren. Dies wird auch Spuren in seinem Wertgefühl hinterlassen. Warum? Weil es die Erwartungen anderer niemals zufriedenstellend erfüllen kann. Es wird sich minderwertig vorkommen, und sein Leben wird immer mehr negative Züge annehmen.

Aber manchmal muß ein Kind mit „Gelb-" und „Rotbereichen" fertig werden. In der Schule und in der Arbeitswelt wird wenig nach persönlichen Vorlieben gefragt. Nehmen wir an, deine Tochter hat in der Schule ihr „Grün" im sprachlichen und musischen Bereich, während sie bei Mathematik und Physik

„rot" sieht. Da sie aber Mathe und Physik lernen muß, wie kannst du ihr helfen zu überleben?

Du wie auch deine Tochter, ihr müßt bei realistischen Erwartungen bleiben. Du kannst zwar erwarten, daß sie in ihren „Grünbereichen" gute Leistungen vorzeigt, aber du mußt deinen Anspruch in den anderen Bereichen herunterschrauben, ohne ihn ganz aufzugeben. Sie soll ihr Bestes in Mathe und Physik geben, aber du wirst mit einem „Ausreichend" zufrieden sein.

Natürlich kann sich ein Kind steigern, aber Eltern werden niemals aus einem „Rot" ein „Grün" machen können. Und es ist wichtig, ein „Gelb" oder ein „Rot" weder als Faulheit noch als Schwäche zu sehen, sondern einfach als eine persönlichkeitsbedingte Begrenzung!

Probleme tauchen nämlich auf, wenn Eltern versuchen, natürliche Begrenzungen in Fähigkeiten umzuformen, anstatt das Kind so zu akzeptieren, wie es ist. Es ist schmerzvoll, einen frustrierten Vater zu beobachten, der sich abquält, aus seinem Sohn einen Athleten zu machen, obwohl dessen „Grün" ganz woanders liegt.

Vergleiche unter Kindern sind genauso unfair, denn alle Kinder, auch die aus einer Familie, haben unterschiedliche „Grün-" und „Rotbereiche". Also, hör auf, Vergleiche zu ziehen, und akzeptiere jedes Kind als einzigartige Gabe Gottes!

Sprich dein Kind frei von allen deinen vorgefaßten Erwartungen und von deinem heimlichen Ehrgeiz! Vielleicht mußt du aufrichtig darum beten, dich im Namen Jesu von *deinen* Vorstellungen lösen und Gott bitten, dich zu einem Menschen zu formen, der sein Kind bedingungslos lieben kann.

ZUM NACHDENKEN UND DISKUTIEREN

– Zu deiner Erziehungsaufgabe gehört, die *Fähigkeiten* und *Begrenzungen* im Leben deines Kindes zu erkennen und es entsprechen zu fördern!

Aufgabe: Beobachte die spontanen Neigungen deines Kindes – was es von sich aus gern tut beziehungsweise ablehnt –, und ordne sie seinen „Rot-", „Gelb-" und „Grünbereichen" zu.

Frage: Nimmst du dein Kind so an, wie es ist, oder versuchst du, es in manchen Bereichen nach deinen Vorstellungen zu formen?

Ein Ziel vor Augen

Wenn du die individuellen Stärken und Schwächen deines Kindes nun vor Augen hast, dann setz dich mit deinem Ehepartner hin, und notiere konkrete Verhaltensweisen, die du in diesem Kind verwirklicht sehen möchtest. Du wirst dann auf Begriffe kommen wie Freude, Liebesfähigkeit, Vertrauen, Verzichtenkönnen, Höflichkeit, Selbstbeherrschung, Gehorsam, Ehrlichkeit, Zuverlässigkeit, Ordnung, Rücksichtnahme. Letztlich wünschst du dir sicherlich alle Persönlichkeitsmerkmale, wie sie unter den Früchten des Geistes in Galater 5,22 aufgezählt werden: Liebe, Freude, Friede, Geduld, Freundlichkeit, Gütigkeit, Treue, Sanftmut, Selbstbeherrschung.

Mach es dir zur Gewohnheit, regelmäßig für jedes deiner Kinder zu beten. Gott hat einen Plan für jedes und weiß am besten, was es braucht und wie es ermutigt und korrigiert werden muß, um auf sein Lebensziel vorbereitet zu werden. Frag im Gebet: „Herr, was hast du mit dem Kind vor? Wie kann ich ihm beistehen und es am besten auf sein Leben vorbereiten?"

Was hältst du davon, wenn du für jedes deiner Kinder eine Karteikarte in deine Bibel legst und dir Notizen über die Eindrücke machst, die du beim Gebet bekommst? Du wirst merken, wie dein Sinn für die Bedürfnisse der einzelnen Kinder geschärft wird: bei dem einen wird dir vielleicht klar, daß du stärker auf seinen Gehorsam achten mußt, bei dem andern merkst du, daß du es unbedingt ermutigen solltest, sich mehr zuzutrauen. Vor allem wirst du auf diese Weise besser lernen, deine Kinder mit den „Augen Gottes" zu sehen und ihnen mehr und mehr in seinem Sinne zu begegnen.

Wie lernt ein Kind am willigsten? – Fünf Möglichkeiten

Nun steht dir die Einzigartigkeit deines Kindes mit seinen großartigen Talenten, aber auch mit seinen besorgniserregenden Schwächen vor Augen. Du hast eine ganze Liste von Verhaltensweisen zusammengestellt, die für das Kind wichtig sind. Wie bringst du sie ihm nun bei? Die meisten der oben genannten Tugenden kommen nicht von selbst. Sie liegen einfach nicht in der Natur des Menschen.

Ja, wie lernt ein Kind am willigsten?

Moralpredigten und Druck, das siehst du ein, werden keine grundlegenden Änderungen bewirken.

Laß dir einige Maßnahmen erklären, die dir helfen werden, deine Erziehungsziele zu erreichen. Wir haben sie im Laufe unseres Familienlebens entwickelt und erprobt.

Um willig und freudig lernen zu können, muß sich ein Kind emotional geborgen fühlen und bestätigt wissen. Wenn diese

Voraussetzung fehlt, könnte mancher der folgenden Ratschläge wie eine Dressur anmuten.

Ross Campbell schreibt in seinem Buch „Kinder sind wie ein Spiegel" von dem „emotionalen Tank", der immer gefüllt sein muß. Genauso, wie ein Auto nur fahren kann, wenn sich Kraftstoff im Tank befindet, werden Kinder nur „spuren", wenn ihr „emotionaler Tank" gefüllt ist. Ein wunderbares Bild, daß sich ähnlich gut einprägt wie das des „Familienhauses".

Die folgende Skizze zeigt dir, welche Möglichkeiten du beim gemeinsamen Einüben wichtiger Verhaltensweisen einsetzen kannst:

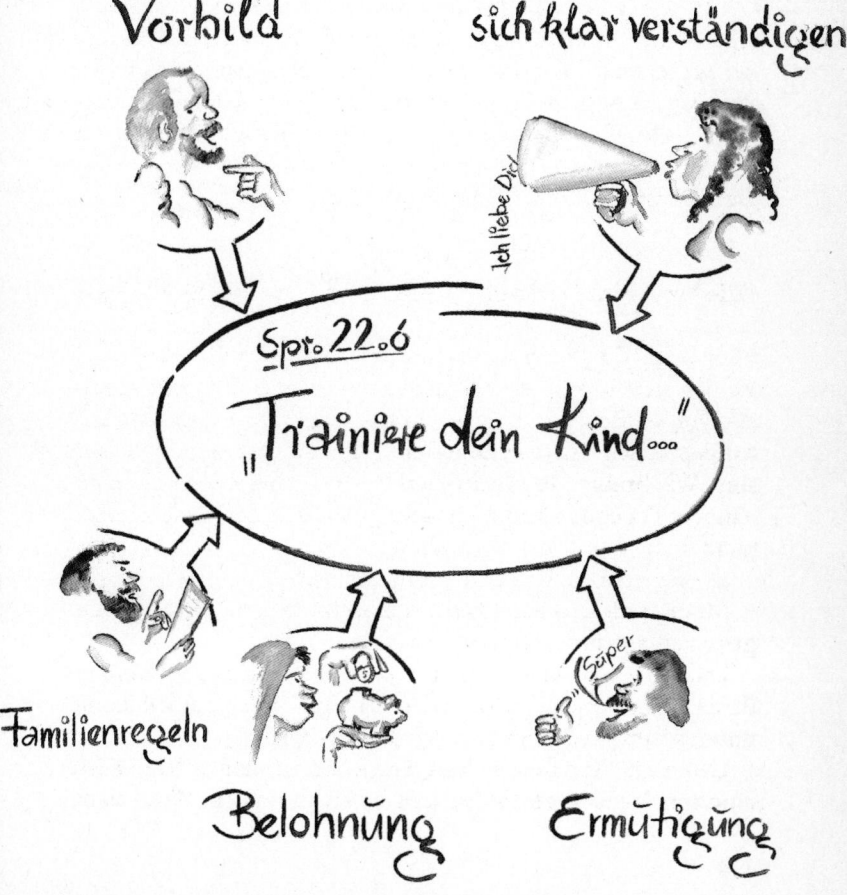

Deine Kinder beobachten dich den ganzen Tag. Ganz gleich, wie du dich fühlst und aufführst, du gibst ihnen ohne viele Worte die eindrücklichsten Lektionen, wie man die Höhen und Tiefen des Alltags meistert.

In dem Kapitel „Indirekte und direkte Erziehung" erwähnten wir bereits, daß Kinder die Grundeinstellungen zum Leben weitgehend spontan durch dein Vorbild und durch die Gewöhnung lernen.

Laß uns einige Dinge aufzählen, die Kinder einfach so aufschnappen:

- *Zuneigung* ist etwas, was eher aufgefangen wird als bewußt gelernt. Eine Umarmung, ein Kuß, Sätze wie „Ich liebe dich" hinterlassen einen tiefen Eindruck und schaffen die Fähigkeit, selbst Zuneigung weitergeben und empfangen zu können. Entscheide dich, dein Kind zu den Privilegierten gehören zu lassen, die wahre Zuneigung durch die Liebe und Wertschätzung in ihrer Familie gelernt haben.
- *Achtung und Respekt* vor Gesetzen, dem Eigentum anderer, vor Autoritäten und Einzelpersonen wird ebenfalls am eindrücklichsten durch dein Vorbild gelernt und nicht dadurch, daß du versuchst, es deinem Kind einzutrimmen. Achtest du das Eigentum anderer? Respektierst du deinen Ehepartner und die Kinder? Zeigst du anderen gegenüber Höflichkeit und Interesse? Wenn du es tust, dann schaffst du ein Umfeld, in dem deine Kinder es auch lernen können.
- *Rücksichtnahme* lernen deine Kinder, wenn sie beobachten, wie du anderen hilfst. Wenn du gerne teilst, auch einmal verzichten kannst und dich am Glück anderer freust, kann die gleiche Großzügigkeit in ihr Herz einziehen.
- Ein gesundes *Selbstwertgefühl*, das wir alle unseren Kindern wünschen, wächst im wesentlichen, wenn dein Kind beobachten kann, wie du dich wohlfühlst, dir etwas zutraust und auch die schwierigen Dinge des Lebens zuversichtlich anpackst.

Auf diese Weise könnte die Liste beinahe endlos fortgesetzt werden: deine Haltung zum Geldausgeben, deine Selbstbeherrschung, dein Ordnunghalten …

Wir möchten nicht, daß diese Aufzählung dich mutlos macht, sondern daß sie dich anspornt, aufrichtig zu leben und an deiner Persönlichkeit zu arbeiten. Durch ein Vorbild zu lehren ist, grundsätzlich gesehen, eine großartige und entspannte Möglichkeit zu erziehen. Zuversichtlich und in Hingabe an Gott gehst du deinen Weg und darfst darauf vertrauen, daß eine Menge davon auf deine Kinder abfärben wird.

Dein Vorbild allein wird nicht immer ausreichen, dein Kind gute Verhaltensweisen und Einstellungen zu lehren. Aber auf jeden Fall legst du damit eine gute und glaubwürdige Grundlage für alle weiteren Maßnahmen, die du bei deiner Erziehung ergreifen wirst.

ZUM NACHDENKEN UND DISKUTIEREN

– Durch dein Vorbild lernen deine Kinder die Grundeinstellungen zum Leben weitgehend spontan!
Fragen: In welchen Bereichen bist du ein positives, unbeschwertes Vorbild?
Worin mußt du dich ändern, damit deine Kinder keine negativen Einstellungen übernehmen?

Viele Mißverständisse und Spannungen in einer Familie bauen sich auf, weil man es nicht versteht, sich richtig zu verständigen.

Eltern setzen zum Beispiel gewisse Verhaltensweisen voraus, ohne sich jemals die Mühe zu machen, sie dem Kind in Ruhe zu erklären. „Das hättest du doch wissen müssen …!" schnauben sie wütend. Aber woher, wenn niemals darüber gesprochen wurde?

Oder Eltern sagen etwas nicht eindringlich genug, reden über·die Köpfe ihrer Kinder hinweg, müssen Dinge zigmal wiederholen, und immer wieder gibt es Krach. So etwas ist zu vermeiden. Laß uns das Thema „Kommunikation" einmal gründlich aufarbeiten.

Zur Kommunikation – also dem Austausch von Informationen, Meinungen und Empfindungen – gehören drei Bereiche:

– die nichtverbale Botschaft,
– der Tonfall und
– die tatsächlichen Worte.

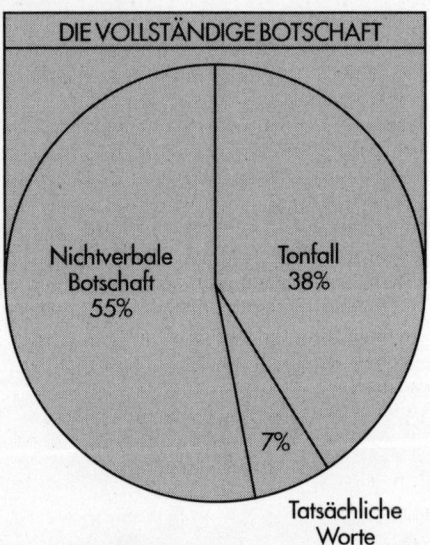

(B.N. Chase, „Discipline them, love them", David C. Cook Publishing)

Es ist verblüffend, aber wahr, daß du wesentlich intensiver durch deinen Tonfall und durch nichtverbale Signale kommunizierst als durch deine tatsächlichen Worte.

Da mußt du wahrscheinlich erst einmal gründlich drüber nachdenken – wie wir, als wir es das erste Mal gehört haben. Die nebenstehende Skizze zeigt dir die prozentualen Anteile der drei Bereiche.

Vielleicht wird dir jetzt deutlicher, warum es in deiner Familie mit der Verständigung so schlecht klappt? Wenn du mit deinem Kind sprichst, reagiert es auf alle drei Bereiche der Kommunikation. Durch den Wechsel der Stimmlage oder durch verschiedene Haltungen und Gesten können mit den gleichen Worten unterschiedliche Botschaften vermittelt werden.

Du kannst dir ausrechnen, wieviel davon hängenbleibt, wenn du aus dem Nebenzimmer oder im Vorübereilen eine Anweisung gibst, ohne daß du deinem Kind direkt gegenübertrittst.

Hast du also etwas Wichtiges zu sagen, dann geh in die Knie, faß den Kleinen an die Hände, suche den Augenkontakt, und nenn ihm deine Botschaft. So wird sie am besten ankommen.

Wann immer du dich unterhältst, achte auf deine nichtverbalen Botschaften und unbewußten Gesten und Haltungen. Mancher Vater sieht mit seiner krausen Stirn und den zusammengekniffenen Augen zum Fürchten aus, obwohl er es gar nicht so meint.

Schule dich, bei jedem Gespräch den Augenkontakt zu suchen. Zieh das Kind an dich heran, und leg den Arm um seine Schulter.

Mit dieser offenen und wertschätzenden Haltung solltest du deinem Kind gegenübertreten und dann möglichst klare, einfache und bildreiche Sätze gebrauchen, die seinem wachsenden Sprachverständnis am besten entsprechen.

Ein einfühlsamer Kommunikationstyp kann

– gut erzählen,
– gute Fragen stellen,
– gut zuhören.

Die Bibel erwartet von dir, daß du deine Kinder belehrst und ihnen die christlichen Verhaltensformen immer wieder „einschärfst". Am besten geschieht das in einer zwanglosen Gesprächsrunde, in der du aus deinem Leben erzählst.

Kinder lieben das: „Papa, erzähl mal, wie du klein warst." Damit hast du die Chance, ganz viel an Wertvorstellungen und an Lebensstil weiterzugeben. Erzähle von deinen Kindheitsträumen, deinen Fehlern, deinen Lernschritten, berichte, wie du Jesus angenommen hast, deinen Ehepartner kennengelernt hast und wie ihr Gott gedient habt.

Willst du dein Kind besser verstehen und feststellen, wie weit es sich Lebensprinzipien zu eigen gemacht hat, dann lerne, gute Fragen zu stellen. Die besten sind die „offenen Fragen". Zum Beispiel ist es besser zu fragen: „Was hast du heute erlebt?", als: „Hattest du einen guten Tag?" oder noch schlimmer: „Was hast du wieder an Dummheiten angestellt?"

Bei „offenen Fragen" muß man sagen, was einen wirklich bewegt; sie beleben ein Gespräch. „Abgeschlossene Fragen" töten ein Gespräch, weil sie schnell mit einem Wort oder mit ja oder nein beantwortet werden können.

Stell auch nicht ständig Fragen, die das Kind empfinden lassen, es würde verhört. Du gewinnst eher sein Vertrauen, wenn du nach seiner Meinung über gewisse Dinge fragst: „Wie denkst du über das und das?" oder: „Weißt du, wie deine Freunde darüber denken?"

Eine der wichtigsten Aufgaben von Eltern ist es, zuzuhören. Das solltest du dir zu einem vorrangigen Ziel setzen. Wenn du deinen Kindern nicht zuhörst, werden sie sich jemand anders suchen!

Kleine Kinder sind glücklicherweise noch sehr direkt. Die fünfjährige Tirza greift Eberhard in den Bart und zieht seinen Kopf zu sich, wenn sie beim Sprechen den Eindruck hat, er ist mit seinen Gedanken woanders.

Schlechte Zuhörer haben laufend Patentantworten, manchmal schon, bevor der andere mit Sprechen fertig ist. Sie fallen ins Wort, urteilen vorschnell und würgen damit die Gesprächsbereitschaft eines Kindes ab. Sensible Kinder verlieren dann den Mut, schweigen oder suchen sich einen besseren Gesprächspartner.

Glaubst du, daß du mit geschickten Fragen und geduldigem Zuhören dein Kind sehr viel Weisheit lehren kannst? Ja, denn du hilfst ihm damit, auf viele Fragen seines Lebens selbst eine Antwort zu finden.

ZUM NACHDENKEN UND DISKUTIEREN

- Zur Kommunikation gehören drei Bereiche: die nichtverbale Botschaft, der Tonfall und die tatsächlichen Worte!
  Aufgabe: Wann immer du dich unterhältst, achte auf deine nichtverbalen Botschaften und unbewußten Gesten und Haltungen.
- Ein einfühlsamer Kommunikationstyp kann gut erzählen, gute Fragen stellen und gut zuhören!
  Aufgabe: Schule dich, in diesen drei Bereichen besser zu werden.

Ermutigung

Ermutigungen wie auch Tadel gehören mit zum Bereich Kommunikation.

Weißt du, daß die aufrichtige Anerkennung positiver Verhaltensweisen eins der effektivsten Mittel ist, ein Kind zum Wiederholen eines von den Eltern gewünschten Verhaltens zu veranlassen und es in seinem Selbstwertgefühl zu stärken?

Ein Kind, das ermutigt und motiviert ist, wird neues Verhalten schneller und williger lernen als eins, das dafür nicht gelobt und darüber hinaus noch viel getadelt und gestraft wird.

Ein Familienalltag kann Eltern schnell mürbe machen. Besonders, wenn die gleichen Dinge immer wieder vergessen oder falsch gemacht werden. Du könntest Gefahr laufen, an deinem Kind mehr die negativen Züge als die positiven zu sehen. Manche Eltern sind schon regelrecht auf die Fehler ihrer Kinder fixiert, so daß sie diese voraussagen könnten. Das bringt einen eisigen Wind in die Familienatmosphäre.

Wie oft mag sich ein Kind, zumindest ansatzweise, Mühe gegeben haben, und die Eltern haben es in ihrem Streß gar nicht gemerkt? Kein Wunder, wenn es dann wie ein kleines Vögelchen seine Flügel hängen läßt und sich sagt: „Was soll's? Ich krieg ja doch immer nur eins auf den Deckel. Noch nicht einmal, wenn ich mir Mühe gebe, merken sie es."

Wenn es bei dir zu Hause so aussehen sollte, dann mußt du schnell umlernen. Laß dir den großen Erfolg „positiver Bekräftigungen" nicht entgehen!

Mal dir vor Augen: Ein Kind ist ständig dabei, sich zu orientieren, ob sein momentanes Verhalten angemessen ist oder nicht, und wartet auf eine Rückmeldung von dir. Bei einem Kleinkind kannst du regelrecht beobachten, wie es dich aus den Augenwinkeln fixiert, um zu sehen, ob du einverstanden bist oder nicht, wenn es an die Steckdose geht. Ein älteres Kind zeigt das nicht so offensichtlich.

Ein Kind wird wesentlich schneller lernen, wenn seine Versuche mit positiven Kommentaren begleitet werden. Darüber hinaus wird der ganze Umgangston lieblicher, wenn mehr Lob als Tadel ausgesprochen wird. Du wirst sogar erleben, daß aufgrund deines Vorbildes selbst du von deinen Kindern gelobt wirst. Wie angenehm!

Wir haben uns über Ermutigung intensiv Gedanken gemacht und uns geschult, unsere Kinder zu loben und zu ermutigen, wann immer es eine Gelegenheit dazu gibt. Natürlich mit einem aufrichtigen Herzen und nicht als Schmeichelei.

Wenn ein Kind neu in unsere Familie aufgenommen wurde

und sich einleben mußte, war die aufrichtige Ermutigung der schnellste Weg, das Herz des Kindes zu gewinnen. Jede anerkennende, lobende Äußerung wirkte wie ein Schritt näher zu seinem Herzen.

Schule dich, deinen Blick nicht in erster Linie auf das negative Verhalten deines Kindes zu richten, sondern achte auf das, was dein Kind richtig macht. Versäume nicht, es dafür zu loben und es zu ermutigen.

Eine unserer Töchter macht ihren Küchendienst gut. Es läuft tadellos, der Geschirrspüler ist leergeräumt, alle Sachen stehen auf dem Tisch. Da gibt es nichts zu beanstanden. Claudia könnte es als selbstverständlich hinnehmen, aber nein, sie besinnt sich, stellt sich in die Tür und sagt: „Ines, du machst das wirklich großartig mit deinem Küchendienst! Schön, daß du nichts vergessen hast!" Du solltest die Reaktion sehen! Ein strahlendes Gesicht, und mit Eifer wird die Arbeit fortgesetzt.

Ein anderes Beispiel: Stefan hat große Schwierigkeiten, eine einigermaßen leserliche Schrift hinzubekommen. Wie schwierig ist es, darin Fortschritte zu erreichen! Einmal sitzt er über seinen Schularbeiten, während Claudia und Eberhard bei geöffneter Tür im Nebenzimmer Kaffee trinken. Eberhard spricht beiläufig zu Claudia, aber doch laut genug, daß der Junge es hören kann: „Du, Claudia, ist dir auch aufgefallen, daß Stefan sich in der letzten Zeit wirklich Mühe gegeben hat, ordentlicher zu schreiben?" Stefan bekommt hochrote Ohren und ist mit einem ganz anderen Eifer bei der Sache. Er fühlt sich bestätigt, weil wir seine Mühe registriert haben, und freut sich, daß wir so positiv über ihn denken.

Wenn du dein Kind mit Worten und Gesten ermutigst, willst du positive Charakterzüge und Verhaltensweisen bestätigen. Drück dich dabei so konkret wie möglich aus, und vermeide allgemeine und verwaschene Ausdrücke, wie „Du bist ein braves Mädchen" oder „Du bist ein guter Junge". Sag lieber: „Du warst sehr *geduldig*, als ich telefoniert habe. Vielen Dank. Ich weiß, du mußtest lange warten." Oder: „Es ist wirklich *rücksichtsvoll* von dir, den kleinen Timmy zuerst auf die Schaukel zu lassen. Ich freue mich über dich."

Nimm dieses Konzept der Ermutigung unbedingt mit in

dein Erziehungsprogramm. Du wirst erleben: das Zusammenleben kann viel leichter und beschwingter werden!

ZUM NACHDENKEN UND DISKUTIEREN

– Die aufrichtige Anerkennung positiver Verhaltensweisen ist
eins der effektivsten Mittel, ein Kind zum Wiederholen eines
von den Eltern gewünschten Verhaltens zu veranlassen und
es in seinem Selbstwertgefühl zu stärken!
Aufgaben: Denk über deine Bemerkungen nach. An welcher
Stelle auf der Skala mußt du dich eintragen?

1	2	3	4	5	6	7	8	9	10

sehr kritisch   sehr positiv

Schreib dir zu jedem Kind treffende, positive Charakterzüge
und Verhaltensweisen auf.
Kontrolliere, wie häufig du sie ihm an einem Tag konkret zu-
sprichst.

Belohnungen

Du hast es noch nicht vergessen: Es geht darum, wie Kinder
freudiger und williger lernen! Wir haben von deinem Vorbild

gesprochen, das eine starke indirekte Erziehung darstellt, von der richtigen und klaren Art des Sichmitteilens und dem machtvollen Mittel der Ermutigung.

Belohnungen sind ein weiteres Mittel, um dein Kind in einer Fertigkeit zu schulen, besonders, wenn sie neu und ungewohnt ist. Nimm doch nur einmal das Schuhezubinden: Welch eine komplizierte Aufgabe! Von jedem Schulanfänger wird jedoch erwartet, daß er es fertigbringt. Eine in Aussicht gestellte Belohnung könnte ein träges Kind beflügeln und das Lernen zum Spaß machen.

Auf unseren Seminaren stoßen wir bei manchen Eltern auf Zurückhaltung, wenn wir Belohnungen als Ansporn zum Erlernen neuer Verhaltensweisen erwähnen. Sie befürchten, daß Kinder immer etwas haben wollen, wenn man einmal anfängt, ihnen etwas zuzustecken. Andere gehen von dem idealistischen Gedanken aus, Kinder sollten von sich aus und selbstmotiviert lernen.

Wir möchten mit diesen Vorurteilen aufräumen und dir einen sinnvollen Gebrauch von Belohnungen beschreiben, damit du zur richtigen Zeit mit einem guten Gewissen auf sie zurückgreifen kannst.

Du darfst Belohnungen nicht zu häufig einsetzen und es damit übertreiben, und mußt dem Kind die Absicht dieses Anreizes erklären. Wenn du von vornherein betonst, daß es sie nur für den Zeitraum des Lernens gibt, bis das Kind die neue Fertigkeit beherrscht, brauchst du keine Sorge zu haben, daß dein Sprößling ständig mit ausgestreckter Hand dasteht, wenn du etwas von ihm erwartest. Ist es gut erklärt, fühlt sich das Kind ernstgenommen und durch den Anreiz der Belohnung angespornt. So kann Lernen Spaß machen.

Kinder zeigen sich selten so selbstmotiviert, daß sie gern von allein an neue Aufgaben herangehen – es sei denn, sie sind sehr interessiert. Wer lernt denn schon gern von sich aus, aufs Töpfchen zu gehen, mit geschlossenem Mund zu essen, Ordnung in seinem Zimmer zu halten oder pünktlich zu sein?

Wie lehren Eltern ihre Kinder diese Tugenden? Anreize, die ein Kind in Bewegung bringen, sind auf jeden Fall besser als ewiges Nörgeln, Schimpfen oder gar Strafen.

Zugegeben, mit Belohnungen kann man große Fehler machen. Aber mit den Jahren haben wir es immer besser gelernt, sie richtig einzusetzen, und miterlebt, wie Kinder willig und freudig die wichtigen Lebensgewohnheiten gelernt haben. Davon sollst du profitieren.

Belohnungen sind dazu da, dem Kind zu helfen, neue Gewohnheiten und Verhaltensmuster zu erlernen und einzuhalten. Wenn dein Kleiner tatsächlich sein großes „Geschäft" von selbst ins Töpfchen drückt, dann lob ihn über den grünen Klee, und steck ihm einen dicken Keks zu, als Ansporn, das nächste Mal wieder zum Töpfchen zu eilen.

Ein plumpes Beispiel, wie man damit nicht umgehen sollte: Deine Kinder geraten sich in die Haare. Genervt und um wieder Ruhe zu bekommen, schreist du in das Durcheinander: „Wenn ihr endlich Frieden gebt, dann bekommt jeder eine Tafel Schokolade!" Dies wäre eine typische Situation, in der sich Eltern mit einem „Lösegeld" die Ruhe erkaufen.

Oder: Du hast dein Kind geschult, seine Sachen ordentlich in die Garderobe zu hängen, aber es hat keine Lust, sich daran zu halten. Jetzt braucht das Kind eine Disziplinierung, aber keine Belohnung, um sich daran zu halten.

Noch komplizierter ist es, wenn ein Kind schlechte Gewohnheiten ablegen soll, zum Beispiel unanständige Schimpfwörter, Wutausbrüche oder Nägelkauen. Darf man solche Untugenden mit Belohnungen in Angriff nehmen?

Eine Gewohnheit ist ein Verhalten, das unbewußt und unreflektiert ausgeübt wird. Deswegen ist sie schwer zu brechen. Logische Konsequenzen, auf die wir noch zu sprechen kommen, sind eine Möglichkeit, schlechte Gewohnheiten zu korrigieren. Da aber eine schlechte Gewohnheit regelrecht *umgelernt* werden muß und Belohnungen eine starke Motivationskraft haben, bieten sie sich geradezu an.

Betty Chase unterscheidet in ihrem „Elterntraining" zwei Arten von Belohnungen: innere und äußere.

Wenn ein Kind etwas richtig macht oder endlich, nach vielem Üben, eine Schleife schafft, dann ist es glücklich und stolz auf sich selbst. Diese Genugtuung und das Gefühl der Zufriedenheit ist die beste Belohnung, nämlich eine „innere".

Eltern können diese „innere Belohnung" verstärken, indem sie eine „äußere Belohnung" behutsam hinzufügen. Sie kann auf dreierlei Weise gegeben werden:

Ich hab's geschafft!

Name: _____ (50 Punkte)

_____ = 1 Punkt
_____ = 1 Punkt
_____ = 1 Punkt

Meine
Belohnung:

_____

_____

_____

JuHu

		49	50								
	45	46	47	48							
	41	42	43	44							
	37	38	39	40							
1	2	3	4	33	34	35	36	13	14	15	16
5	6	7	8	29	30	31	32	17	18	19	20
9	10	11	12	25	26	27	28	21	22	23	24

– als *soziale Belohnung:* das sind ermutigende und anerkennende Worte, eine Umarmung, ein Lächeln, ein Kuß oder ein
Augenzwinkern.

– als eine *besondere Aktivität:* zum Beispiel ein Picknick im
Grünen, ein Zoobesuch oder etwas, was dem betreffenden
Kind besonders Freude macht.

– als *handfeste Belohnung:* ein Lieblingsessen, Süßigkeiten, ein
Spielzeug, eine Musikkassette oder ein Buch, Geld u.a.

Von den „äußeren Belohnungen" sind die „sozialen" die wertvollsten, weil sie am längsten anhalten. Kombiniere andere Belohnungen grundsätzlich mit einer „sozialen".

Eine ausgezeichnete Möglichkeit, Belohnungen ausgewogen im Familienalltag einzusetzen, ist die „Ich hab's geschafft –
Liste"!

Du kannst sie aus dem „Anhang" herauskopieren. Wähle
zwei oder drei Verhaltenweisen aus, von denen du meinst, daß
dein Kind einen Ansporn braucht, um sie zu lernen und zu einer Gewohnheit zu machen, und trage sie am Kopf der Liste
ein.

Dann setz dich mit dem Kind zusammen, und erkläre, daß
du mit einer Belohnung helfen und dazu ansporen willst,
diese neuen Aufgaben zu lernen. Beratet miteinander, welche
Belohnung angemessen sein könnte, und tragt sie ein. Erkläre,
daß es 50 Punkte zu erreichen gilt, und daß das Kind jedesmal
ein Kästchen ausmalen darf, wenn es eine Aufgabe von sich aus
erfüllt hat.

Häng die Karte über den Kinderschreibtisch oder an den
Kühlschrank oder an einen anderen, gut sichtbaren Ort, und
warte ab.

Je nach Schwierigkeitsgrad der gestellten Aufgaben kannst
du die Punktezahl verändern, damit das Ziel nicht zu spät erreicht wird. Es sollte nicht länger als zwei bis drei Wochen dauern. Sind alle Kästchen ausgefüllt, bemühe dich, die Belohnung sofort einzulösen. Ein Kind könnte enttäuscht sein und
sein Eifer künftig erlahmen, wenn es zu lange auf seinen
„Lohn" warten müßte.

ZUM NACHDENKEN UND DISKUTIEREN

– Belohnungen dürfen eingesetzt werden, um zu einem er-
wünschten, konstruktiven Verhalten anzuspornen, aber
nicht, um ein unangemessenes Verhalten zu unterdrücken!
Im Handumdrehen ist aus deiner gut gemeinten Belohnung
ein „Lösegeld" geworden.
Noch einige Regeln:
– Betone Belohnungen nicht über, und gebrauche sie nicht
über einen zu langen Zeitraum. Setze sie ein, wenn das Kind
mit sich kämpft und Ermutigung zum Erlernen eines neuen
Verhaltens braucht.
– Wähle die Art der Belohnung nach den Interessen des Kindes. Laß es sich die Belohnung selbst aussuchen, aber
  – gib keine großen Belohnungen für kleine Aufgaben,
  – wähle so selten wie möglich Geld als Anreiz
  – und gib keine Belohnung für die täglichen Routineauf-
  gaben.

Wir leben schon seit zwanzig Jahren ununterbrochen mit einer großen Zahl von Kindern zusammen. Was eine Kleinfamilie oftmals nicht für nötig hält, mußten wir immer beachten: nämlich Familienregeln, die das Zusammenleben harmonisch erhalten und jeden wissen lassen, was seine Aufgaben im Familienverband sind.

Solch eine Planung kann auch anderen Familien guttun. Ein Kind empfindet Sicherheit und Geborgenheit, wenn es sich in einem Rahmen einsichtiger und klar abgegrenzter Regeln bewegt. In seinem kindlichen Denken weiß es, was von ihm erwartet wird und daß es niemals Schwierigkeiten bekommen wird – es sei denn, es übertritt vorsätzlich diese Grenzen.

Ein Teil an Nervosität, Unausgeglichenheit und Rebellion von Kindern läßt sich damit erklären, daß sie ständig testen müssen, ob das, was gestern galt, auch heute noch Bestand hat.

Wenn Regeln nach Laune und Willkür der Eltern heute gelten und morgen nicht oder wenn sie dem Kind erst dann mitgeteilt werden, wenn es sie übertreten hat, wird dies Verwirrung oder Erbitterung hervorrufen.

Nun könntest du ein falsches Bild über ein Familienleben mit Regeln gewinnen. Laß dir unser Prinzip erläutern: Wir wollen einem Kind so viel Freiheit und Entfaltungsraum wie nur möglich gewähren und so wenig Regeln aufstellen, wie unbedingt nötig! Wenn aber eine Regeln festgelegt wird, dann wachen wir darüber, daß sie beachtet und eingehalten wird.

Also: viel Freiheit, wenig Kommandos, wenig Regeln, aber entsprechende Konsequenzen, wenn sie übergangen werden.

Es gibt nicht nur eine Inflation des Geldes: je mehr davon im Umlauf ist, um so weniger ist es wert. Es gibt auch eine „Inflation der Worte": je mehr Worte, je mehr Kommandos, je mehr Geschimpfe, desto weniger sind sie wert!

Manch eine Mutti müßte einmal für einen Nachmittag einen Walkman mit einem kleinen Knopfmikrofon am Gürtel tragen und alles aufnehmen, was so aus ihrem Munde kommt. Einige wären sicherlich erschrocken über sich selbst. „Komm her!", „Laß das sein!", „Tu endlich dies …!", „Hör auf damit!", so geht es den lieben langen Tag.

Und die Kinder? Wie mit guten Ohrenschützern ausgestattet, gehen sie, ohne sich irritieren zu lassen, ihren Beschäftigungen nach, und erst, wenn Mama mit hochrotem Kopf und schriller Stimme in der Kinderzimmertür schwebt, bücken sie sich lässig nach dem ersten Bauklotz, der weggeräumt werden soll.

Auf diese Weise kann ein Familienleben recht anstrengend werden. Ist so etwas erst einmal eingerissen, mußt du dein Kind tatsächlich fünf- bis zehnmal erinnern, bis es deiner Aufforderung gehorcht. Oder noch dramatischer: Es lenkt erst ein, wenn deine Stimme anschwillt und du eine drohende Haltung annimmst. Dabei bleibt die gesamte Familienatmosphäre auf der Strecke!

Hand aufs Herz, so weit muß es doch nicht kommen! Da ist es doch besser, du machst dir gründlich Gedanken über euer Zusammenleben, stellst vernünftige Familienregeln auf und achtest auf deren Einhaltung.

Deine Kinder sollten von dir den Eindruck haben: Mama beziehungsweise Papa, das sind Pfundskerle, mit denen kann man so richtig Spaß machen, und auf die kann man sich verlassen. Sie halten, was sie versprechen – ob angenehm oder unangenehm!

Kindern fällt von Generation zu Generation auch nicht so viel Neues ein, wie sie das Leben ihrer Eltern schwermachen können. Die Konfliktpunkte sind doch immer wieder dieselben, es gibt nicht viele Überraschungen. Du kannst also vorbereitet sein. Setz dich mit deinem Ehepartner oder guten Freunden zusammen, sprich die Schwachpunkte deines Familienlebens durch, und stelle Regeln mit den entsprechenden Konsequenzen für den Fall des Nichtbeachtens auf. (Über Konsequenzen sprechen wir im dritten Teil des Buches.)

Sammle nach diesem Vorgespräch deine Mannschaft zu einem „Familienrat" um dich, erkläre ihnen, warum du diese Regeln einführen willst, und laß sie sich dazu äußern und weitere Vorschläge machen. Erfahrungsgemäß nehmen Kinder so etwas positiv auf, denn sie wollen auch keinen Dauerkrach mit ihren Eltern, sondern gerecht behandelt werden und wissen, was ihre Aufgaben sind.

Aber nun zur Aufstellung guter Familienregeln: Eine wirkungsvolle Regel ist

- *klar definiert,*
- *altersgemäß* und
- für das Kind *verständlich.*

Damit hast du drei Kriterien, die du bei jeder Familienregel berücksichtigen solltest. Beachte aber auch, daß die Einhaltung überwacht werden muß.

Trägst du die Reibungspunkte in deinem Familienleben zusammen, wirst du wahrscheinlich im wesentlichen auch auf die folgenden Begriffe kommen:

- das Ordnunghalten,
- die Essensgewohnheiten,
- das Schlafengehen,
- Schule und Hausaufgaben,
- eine sinnvolle Freizeitgestaltung,
- die Taschengeldverwaltung und
- das Mithelfen in der Familie.

Gibt es noch viel mehr, was euer Zusammenleben erschweren könnte? Ja, den Geschwisterstreit. Aber zu dessen Eindämmung haben wir schon im ersten Teil des Buches Regeln genannt. Auf diese möglichen Probleme kannst du dich im Austausch mit deinem Ehepartner und deinen Freunden und nach dem Lesen dieses Buches ganz gut vorbereiten, so daß du gefaßt und souverän über die Einhaltung deiner Familienregeln wachen kannst.

Ordnunghalten

Das Thema Ordnung in den Kinderzimmern und im gesamten Wohnbereich ist ein Dauerbrenner unter pflichtbewußten Müttern.

Als erstes: Setz realistische Maßstäbe für Ordnung und Sauberkeit in deinem Machtbereich. Eine Wohnung mit kleinen Kindern kann nicht so pikfein aussehen wie ein Ausstellungszimmer in der Zeitschrift „Schöner wohnen"!

Wir sind Eltern begegnet, die bereits von Vierjährigen erwartet haben, allein ihr Kinderzimmer in Ordnung zu halten. Die

Bauklötze mußten erst weggeräumt werden, ehe nach anderen Spielsachen gegriffen werden durfte. So überzogene Vorstellungen enden meistens im Chaos oder mit einem „grausamen" Drill.

Aber wie sehen realistische Maßstäbe aus? Laß uns einmal an ein Kind im Vorschulalter denken. Von einem Fünfjährigen solltest du noch nicht erwarten, daß er sein Zimmer allein in Ordnung hält, sondern du solltest es mit ihm zusammen tun. Dabei kannst du ihn motivieren und zum Beispiel im Wettbewerb mit ihm die Bauklötze aufräumen. Ein angemessenes Ziel ist, mit dem Beginn des Schulalters zu erwarten, ein Zimmer allein in Ordnung zu halten. Für das Aufräumen kannst du Erleichterungen schaffen, indem du Kisten übersichtlich in Regale stellst: hier eine für die Spielzeugautos, daneben eine für die Legosteine und noch eine für die Puppenkleidung. Dann wissen Kinder, wohin die Sachen gehören, und schon geht das Aufräumen flotter und einfacher.

Normalerweise reicht es, wenn einmal am Tag, am besten abends, aufgeräumt wird, und dann auch nur die Dinge, die wie wild herumliegen. Die kunstvoll errichtete Legoburg zu zerstören wäre doch zu schade.

Haben die Kinder genug Platz in ihren eigenen Zimmern, hast du durchaus ein Recht darauf, auf größere Ruhe und Ordnung im Wohnzimmer zu achten. Bei uns steht das Wohnzimmer nur für ruhige Beschäftigungen zur Verfügung: zum Lesen, für Gesellschaftsspiele oder auch für kleinere Playmobil-Landschaften. Die lassen wir aber auch zwischendurch wegräumen, denn schließlich muß es ja noch Stellen geben, an denen es nicht ständig unter den Füßen knackt.

Was die Kleidung betrifft: mach es den Kindern leichter, und gib ihnen mehr zum Aufhängen als zum Zusammenlegen und Aufeinanderstapeln. Von einem Grundschüler kannst du durchaus erwarten, daß er an bestimmten Tagen seine Wäsche selbständig wechselt und in den Wäschekorb im Bad tut. Auch das Einräumen der frischen Wäsche ist keine Überforderung.

Darüber hinaus achten wir auch schon bei den Vorschülern darauf, daß die Kleidung abends auf einen Stuhl kommt oder an einem dafür bestimmten Platz verschwindet. Nach einigem

Hin und Her haben wir uns auf eine eiserne Regel geeinigt: keine Kleidung auf dem Fußboden!

Hat das Kind einen leichtgängigen Bettkasten auf Rädern, in dem die Bettwäsche problemlos verschwinden kann, kann es selbst sein Bett in Ordnung halten.

Ach ja, dann gibt es auch noch die Garderobe. Wenn du sie geräumig hältst und jeder einen großzügigen, markierten Platz für Schuhe, Jacken und Mäntel hat, dann sollte es ihm doch möglich sein, dort selbst Ordnung zu bewahren.

Wenn du dann auch noch darauf achtest, daß derjenige, der sich zwischendurch am Kühlschrank oder in der Küche bedient, sie auch wieder so verläßt, wie er sie vorgefunden hat, bleibt bald keine Arbeit mehr für dich übrig.

Möchtest du, daß deine Kinder sich an diesen Maßstab halten, dann informiere und trainiere sie.

Dazu mußt du vier Schritte durchgehen:

– Du demonstrierst, wie eine Aufgabe durchgeführt werden soll.
– Du und dein Kind, ihr tut es mehrere Male zusammen.
– Dein Kind macht es selbst, während du dabei bist und es tüchtig lobst.
– Dein Kind macht es allein.

Es mag dir etwas albern vorkommen, einem Kind so penibel vorzuführen, was doch eigentlich klar ist. Aber es ist erstaunlich, wie unwissend und ungeschickt sich Kinder oftmals geben. Eltern setzen zu viele Dinge einfach voraus, erklären schlecht, und Kinder sind frustriert, daß sie es ihnen nicht recht machen können.

Bei dem Ganzen geht es ja nicht nur darum, daß Ordnung gehalten wird und du weniger Arbeit hast. Kinder lernen dadurch Verantwortung und die Disziplin, eine Aufgabe regelmäßig durchzuführen. Dies gibt ihnen Sinn für Ordnung und schafft ihnen eine angenehme Umwelt.

Essensgewohnheiten

Eine peinliche Szene im Restaurant: Eine Familie sitzt am Mittagstisch. Die Kinder flegeln laut knörend auf ihren Stühlen, der Kopf liegt fast auf der Tischplatte, und nach den Pommes frites wird mit den Fingern gegrapscht. Den Eltern wird es zunehmend ungemütlicher, denn den Gästen an den Nachbartischen bleibt der Kampf mit den Nahrungsmitteln nicht verborgen.

„Nun benimm dich doch endlich", zischt Mutti. Vati versucht es lieber gleich mit leichten Tritten und Püffen unter dem Tisch.

Kindern in der Öffentlichkeit auf die Schnelle die notwendigen „Benimm-Regeln" beizubringen gelingt garantiert nicht. Dazu gehört ein beständiges Training am häuslichen Eßtisch.

Laß dir einmal unsere Tischregeln umreißen: Bei uns wird das Essen gemeinsam begonnen und beendet. Meistens spricht das Kind, das gerade Küchendienst hat, ein Tischgebet. Da eine Mahlzeit nicht nur etwas für den Magen, sondern auch für die Augen sein soll, achtet Claudia darauf, daß es auf dem Tisch nett aussieht und die Gerichte nicht in Töpfen und Pfannen vorgesetzt werden. Wir erwarten auch, daß die Kinder sitzen bleiben, bis alle fertig sind. Eine Ausnahme sind unsere Vorschulkinder; sie dürfen schon eher aufstehen oder auf Papas Schoß krabbeln.

Natürlich kommt bei Kindern schnell Ungeduld auf, aber die kannst du auffangen, indem du dir vornimmst, dich ihnen während der Essenszeit aufmerksam zu widmen. Wir stellen unsere eigenen Interessen zurück und wollen mit den Kindern sprechen, wollen erfahren, wie es ihnen geht, wie es in der Schule gelaufen ist und was sie an diesem Tag vorhaben. Mahlzeiten sind eine ideale Gelegenheit zur Kommunikation. Es ist schön, wenn die Kinder wissen: bei Tisch haben Papa und Mama Zeit für mich.

Wenn du allerdings in ein intensives Gespräch mit deinem Besuch verwickelt bist, ist es nur verständlich, daß sie betteln, aufstehen zu dürfen. Dann mach bitte kein Gesetz aus deinen Tischregeln, sondern laß sie laufen, und genieße die Zeit mit deinen Freunden.

Bring deinem Kind rechtzeitig bei, mit geschlossenem Mund zu essen (etwas ab vier Jahren) und richtig mit Messer und Gabel umzugehen (etwa ab dem Schulalter). Das kann ein langwieriges Unternehmen werden. Bleib barmherzig, und erwarte nicht gleich alles sofort.

Vor allem kann es spielerisch und humorvoll gelernt werden, etwa so, wie es Eberhard mit unserem siebenjährigen Chris gemacht hat. „Hör mal, Chris", hat er gesagt, „jetzt bist du wirklich alt genug, daß du Messer und Gabel gebrauchst und mit geschlossenem Mund ißt. Wenn wir bei Oma und Opa eingeladen sind oder einmal ins Restaurant essen gehen, möchtest du bestimmt nicht, daß die anderen komisch gucken, weil so ein großer Junge noch nicht richtig essen kann. Laß uns ein Abkommen treffen. Immer, wenn du es vergißt, räuspere ich mich und zwinkere dir zu. Dann weißt du wieder Bescheid. Das ist unser Geheimnis. Davon braucht kein anderer etwas erfahren. "

Kinder lieben Geheimnisse. Chris fand das Abkommen großartig. Allerdings mußte sich Eberhard sehr oft räuspern und mit den Augen zwinkern, bis diese Gewohnheit wirklich saß.

Und wie ist es mit dem Mäkeln am Essen und den halbvollen Tellern, die zurückbleiben? Darf man ein Kind zum Essen zwingen?

Laß dich niemals zu einem Kampf hinreißen! Wenn Mahlzeiten eine zu große Bedeutung eingeräumt wird oder sie gar mit Zwang begleitet werden, kann es dazu führen, daß Kinder Probleme mit dem Essen behalten, ob es nun zu Übergewicht oder Magersucht kommt.

Du darfst davon ausgehen, daß ein gesundes Kind seinen Appetit und die Nahrungsmenge, die es braucht, selbst bestimmt. Es ist sogar wichtig, daß du es dazu erziehst. Mach bloß nicht soviel Aufheben wegen des Essens! Es besteht kein Anlaß zur Sorge, wenn es an einigen Tagen wie ein Mäuschen ißt.

Natürlich kannst du seinen Appetit steuern, indem du eine abwechslungsreiche, gesunde und schmackhafte Kost vorsetzt und vor allem den Süßigkeitenkonsum überwachst. Ein paar Leckereien am Nachmittag, und die Lust auf das Abendbrot ist hin.

Fordere dein Kind so ab dem fünften Lebensjahr auf, seinen Teller selbst zu füllen, aber sag ihm gleich: „Du, was du dir zutraust, ißt du bitte auch auf. Nimm dir lieber mehrmals etwas!"

Das ist auf jeden Fall besser, als wenn du ihm den Teller vollschaufeln würdest und dann den Ärger mit den Resten hast. So lernt ein Kind, sich selbst einzuschätzen und seinen Bedürfnissen gemäß zu essen.

„Und was mache ich mit der Ziererei und dem ständigen Mäkeln, wenn es etwas Neues gibt?"

Auch darauf gibt es eine einfache Antwort: „Probier von jedem ein wenig. Sonst weißt du ja gar nicht, wie es schmeckt!"

Bitte schön, es gibt auch Dinge, vor denen manch ein Kind – und manch ein Erwachsener – eine regelrechte Abscheu hat, wie zum Beispiel Pilze oder Fettränder am Fleisch. Da betreibe keine Prinzipienreiterei, sondern berücksichtige das Empfinden deines Kindes.

In diesem Zusammenhang laß uns anmerken, daß mäkelnde Kinder oftmals auch mäkelnde Väter haben. Eberhard hat sich deshalb bewußt eine „Lob-Strategie" vorgenommen, nämlich Claudia bewußt für ihre Mühe in der Küche und das gute Essen zu danken. Es ist aber auch schwer für Mütter: da stehen sie manchmal über eine Stunde in der Küche, und dann wird mäkelnd in der „Herrlichkeit" herumgestochert oder das Ganze ohne Dank verschlungen.

Du als Vater kannst durch deine anerkennende Haltung deine Frau enorm motivieren und deinen Kindern ein großes Vorbild sein. Eberhards Vorbild erwies sich als durchschlagend. Bei fast jeder Mahlzeit ist aus irgendeinem Mund zu hören: „Mama, danke für das Essen!"

Schlafengehen

Ein anderes problematisches Thema ist das Schlafengehen. In vielen Familien spielt sich Tag für Tag eine lange Zeremonie ab, bis die Eltern endlich ihren wohlverdienten Feierabend haben. Und den brauchen sie auch, um am nächsten Tag wieder ausgeruht für ihre Rangen dazusein.

Wir werden oft gefragt, wie wir das mit unseren vielen Kindern machen, ob wir überhaupt abends und auch nachts zur Ruhe kommen. Ja, in der Regel haben wir einen von den Kleinen ungestörten Abend – der dann allerdings häufig von den Teenagern in Beschlag genommen wird – und eine ruhige Nacht, es sei denn, ein Kind ist krank.

Gut einschlafen kann man eigentlich nur, wenn man entspannt ist. Hektische Szenen, Schimpfen und Toben sind keine guten Schlafmittel. Schlafen sollte etwas Schönes und Angenehmes sein, Kinder sollten sich gern in ihr gemütliches Bett einkuscheln. Also gestalte eine heimelige Bettatmosphäre mit hübschen Bettbezügen, Kuscheltieren und einer kleinen Bettlampe.

Vermeide, Schlafen als eine Strafe hinzustellen! Setze das „Eher-schlafen-Gehen" möglichst nicht als ein Disziplinierungsmittel ein.

Kinder benötigen unterschiedlich viel Schlaf. Wenn du das nicht berücksichtigst und deinen Siebenjährigen der Bequemlichkeit halber mit dem Fünfjährigen zusammen um halb acht ins Bett steckst, brauchst du dich nicht zu wundern, wenn er quengelt oder unter irgendeinem Vorwand immer wieder aufsteht.

Woran erkennt man aber, daß ein Kind genügend Schlaf bekommt?

Zum Beispiel daran, daß es zur Schulzeit morgens von selbst aufwacht oder sich ohne Schwierigkeiten wecken läßt. Mußt du dein Kind ständig aus dem Tiefschlaf reißen, schläft es abends wahrscheinlich zu spät ein.

Bemühe dich, das individuelle Schlafbedürfnis und auch das Aktivitätsniveau deines Kindes zu erkennen, und richte danach den Zeitpunkt für die „Zubettgeh-Zeremonie" ein.

Unterbinde zum Beispiel das Lärmen und wilde Toben nach dem Abendessen, und laß es zur Tradition werden, den Tag mit Malen, Lesen oder Kassettenhören ruhig ausklingen zu lassen – und das bitte häufig mit dir zusammen! Zum Schluß noch ein bißchen Erzählen am Bett, Kuscheln und Beten, und dann ist Feierabend!

Schön wär's – kaum hast du es dir im Wohnzimmer gemütlich gemacht, schon steht der Kleine in der Tür und jammert: „Ich muß noch mal aufs Klo." „Ich habe Durst." Oder: „Ich muß noch meinen Teddy suchen."

Paß auf, und lerne, zwischen einem echten Anliegen und einem Vorwand zu unterscheiden. Merkt ein Kind, daß es mit vorgeschobenen Gründen durchkommt, wird es dies vielleicht immer wieder versuchen. Wir kennen Eltern, die inzwischen

Wie krieg ich sie heute abend wieder rum ??
Hunger ?! Durst ?!
Müss mal ?!?
KTA

überhaupt keinen ruhigen Abend mehr verleben können und von ihrem Kind regelrecht tyrannisiert werden.

Also: Achte darauf, daß dein Kind vor dem Schlafengehen noch einmal auf die Toilette geht, frag, ob es noch etwas trinken möchte und ob der Teddy im Bett ist. Sag auch, wer zu Besuch kommt, und daß du ganz herzlich grüßen wirst. Aber verlang, daß es nach der „Zubettgeh-Zeremonie" im Bett bleibt.

Trotzdem solltest du noch einmal gründlich darüber nachdenken, ob du dein Kind nicht doch zu früh ins Bett steckst und es einfach noch zu aktiv und unruhig ist. Niemand kann auf Befehl einschlafen.

Bei einem recht aktiven und unruhigen Kind kannst du erlauben, noch im Bett zu lesen oder eine Kassette zu hören. Das ist ein idealer Weg, ruhig und schläfrig zu werden. Aber mach dir kein schlechtes Gewissen, wenn du dann auf deinem Feierabend bestehst. Eltern können nicht rund um die Uhr für die Kinder da sein, sie brauchen auch ihre Ruhepause.

Manchmal sind Kinder abends „überdreht", das heißt, nach einer Phase der Müdigkeit drehen sie noch einmal so richtig auf und wollen nicht zur Ruhe kommen. Dann geht noch einmal miteinander um den Häuserblock, oder steck sie in die Badewanne. Schimpfen hilft in diesem Falle auch nicht weiter.

Schulkinder brauchen einen einigermaßen regelmäßigen Rhythmus für ihren Nachtschlaf, um für den Unterricht fit zu bleiben. So kann man ihnen die Schlafenszeit auch begründen. Aber darüber hinaus gibt es noch genügend Ausnahmen, zum Beispiel vor den schulfreien Tagen und besonders in den Ferien. Können sie da ihre Freiheit auskosten, sind sie zur Schulzeit williger, sich freiwillig in einen vernünftigen Schlafrhythmus einzupassen.

Ab welchem Alter kann man Kinder abends allein lassen?

Darauf gibt es keine Pauschalantwort. Das ist zu sehr von der Familienzusammensetzung und dem betreffenden Kind abhängig. Ein Einzelkind kann verständlicherweise mehr Probleme damit haben als zum Beispiel mehrere Geschwister, die sich zusammenkuscheln und trösten können.

Aber Alleinbleiben kann geübt werden. Ein Kind muß allmählich daran gewöhnt werden, eine Zeitlang allein zu bleiben. „Du, ich muß mal schnell etwas einkaufen. Wie wär's, wenn du hier weiterspielst?" wäre eine Möglichkeit, dem Kind schrittweise die Angst vorm Alleinsein zu nehmen. Wenn es telefonieren kann (ein Telefon mit gespeicherten Nummern ist eine Erleichterung), kann man folgenden Vorschlag machen: „Du kannst jetzt so prima telefonieren. Hast du etwas dagegen, wenn wir heute einmal unsere Freunde besuchen? Wenn es nötig ist, kannst du uns dort anrufen."

Unbeholfene und ängstliche Kinder allein zu lassen wäre gefährlich und verantwortungslos. Genauso, sich heimlich wegzuschleichen, in der Hoffnung, das Kind wache nicht auf. Das Trauma, plötzlich keine Eltern vorzufinden, solltest du ihm ersparen.

Wenn sie aber etwas eingeübt sind, sich mit Geschwisterkindern zusammentun können, in der Lage sind, wenn nötig zu telefonieren oder zum Nachbarn hinüberzugehen und sich nicht vehement gegen die Abwesenheit ihrer Eltern sperren, sollte es kein Problem sein, sie für einige Stunden sich selbst zu überlassen. Allerdings muß ihnen eingeschärft werden, die Haustür beim Klingeln auf keinen Fall zu öffnen.

Schule und Hausaufgaben

Der Beginn des Schullebens wird, besonders wenn das erste Kind eingeschult wird, ein aufregendes Erlebnis werden – nicht nur für das Kind, sondern auch für die Eltern.

Noch bevor dein erstes Kind zur Schule kommt, mach dir bitte Gedanken über die Frage: „Welche Rolle soll die Schule in unserer Familie spielen?"

Es gibt Familien, in denen die Begriffe Schule und Zensuren die beherrschenden Themen sind. Durchschnittliche Eltern geben sich dem Ehrgeiz hin, Superschüler zu drillen, und machen ihre Zuwendung von der erbrachten Leistung abhängig. Das ist dramatisch! Ist Schule wirklich so wichtig?

Na klar, mit einem Hauptschulabschluß hat man nicht so gute Berufsmöglichkeiten wie mit der mittleren Reife, und mit dem Abitur öffnet sich die Welt der Akademiker. Trotzdem muß die Schullaufbahn dem Vermögen und den Interessen des Kindes angepaßt sein und darf nicht von Zukunftsängsten oder den ehrgeizigen Plänen von Eltern gesteuert werden.

Unsere Kinder sind auf alle drei Schultypen verteilt. Die

richtige Entscheidung für das einzelne Kind zu fällen war niemals leicht, und die Schulempfehlungen waren nicht immer zutreffend, wie sich manchmal hinterher herausgestellt hat. Aber du hast ja einige Jahre Zeit, dein Kind zu beobachten und seine Fähigkeiten und Interessen realistisch einzuschätzen, vor allem, ob es mehr praktisch oder mehr intellektuell begabt ist. Für einen Praktiker kann ein solider Realschulabschluß wesentlich förderlicher sein als ein gequältes Abitur.

Bei unseren Entscheidungen mußten wir uns immer wieder gegenseitig an eins erinnern: die Schulung eines aufrichtigen christlichen Charakters und ein erfülltes Leben im Dienst für Gott ist wichtiger als jegliche Karriere in unserer Gesellschaft. Das bedeutet doch, zu beten und Gott zu fragen, wie er dein Kind sieht und welche Pläne er für dessen Leben hat.

Besonders, wenn du siehst, daß sich ein Kind in der Schule schwertut, mußt du dir sagen: Eine ausgeglichene, lebensbejahende Persönlichkeit ist wichtiger als ein gehobener Schulabschluß, der mit einer verkorksten Persönlichkeit bezahlt wird!

An diesen Leitsätzen haben wir uns immer orientiert, und die guten Erfahrungen mit unseren erwachsenen Kindern haben uns recht gegeben.

Schulpflichtig sind Kinder, die bis zum 30. Juni eines Jahres sechs Jahre alt werden. Auf Antrag können aber auch jüngere Kinder, die in dem gleichen Jahr noch das sechste Lebensjahr vollenden, eingeschult werden.

Gemäß den geistlichen Zielen, die wir uns gesteckt haben, räumen wir der Schule nicht den ersten Platz ein. Wir haben unsere Kinder zum Beispiel so spät wie möglich eingeschult. Die vielfältigen Angebote in der vertrauten, kleinen Gruppe eines guten Kindergartens und die gemeinsamen Unternehmungen in der eigenen Familie können einem Kind mehr beibringen als der ungewohnte, stressige Unterricht in einer großen Grundschulklasse.

Wir haben jedesmal gestaunt, wie diese „Schonzeit" dem Kind einen riesigen Reifeschub gegeben und ihm geholfen hat, den ungewohnten Schulalltag gelassen zu meistern. Gerade der Start in der Schule stellt entscheidende Weichen. Ein Kind, das sich im ersten Schuljahr überfordert fühlt, braucht lange, um dieses Gefühl wieder loszuwerden.

Wenn das Alter deines Schulanfängers im Grenzbereich liegt, überleg dir gut, ob du einen Antrag auf vorzeitige Einschulung stellen willst oder, wie wir, lieber abwartest.

Wie kannst du dein Kind auf die Schule vorbereiten?

Es ist immer einfacher, wenn schon ältere Geschwisterkinder in die Schule gehen oder das Kind mit ein, zwei guten Freunden gemeinsam eingeschult wird. Auf jeden Fall wird deine Vorfreude beziehungsweise deine Unsicherheit und Ängstlichkeit an deinem Kind nicht spurlos vorübergehen.

Also, verkneife dir negative Bemerkungen über Lehrer oder andere Schulkinder, und laß dich nicht zu Sätzen hinreißen wie: „Na warte, wenn du erst einmal in die Schule kommst!" Oder: „Wenn du dich so in der Schule benimmst – das kann ja was werden!" Dadurch kannst du nur das Unbehagen deines Kindes verstärken.

Zeig vielmehr deine Freude über den neuen Lebensabschnitt, schwärme davon, wie schön es werden wird, wenn dein Kind lesen und rechnen kann und der Oma Briefe schreiben wird. Mach den Kauf des Schulranzens und der begehrten Schulutensilien zu einem Ereignis. Deine Freude wird sich auf das Kind übertragen, und es wird erwartungsvoll und neugierig auf den ersten Schultag zuleben.

Zwei weitere Dinge solltest du vor dem Schuleintritt mit dem Kind üben: den Schulweg und das selbständige An- und Ausziehen sämtlicher Kleidungsstücke.

Zum ersten gehört, daß das Kind weiß, an welchen Stellen es die Straßen sicher überqueren und wie es sich im Schulgebäude zurechtfinden kann. Du wirst es eine Zeitlang mit dem Kind gemeinsam üben müssen, bis du es bangen Herzens allein losziehen läßt. Das zweite gehört zur Entlastung der Lehrerin. Es ist wahrhaftig kein Spaß, wenn sie nach der Turnstunde zwölf Kindern die Schleifen an den Schuhen zubinden und zig klemmende Reißverschlüsse traktieren muß.

Tja, und dann beginnt die Zeit der Hausaufgaben. Am Anfang ist das noch Freude und Spielerei, aber dann wird es zunehmend ernst.

Wir möchten dir eindringlich raten: Laß dein Kind seine Aufgaben von Anfang an selbständig erledigen. Und laß dir von *ihm* erklären, was es zu tun hat. Bitte nicht umgekehrt, denn nicht du warst in der Schule, sondern das Kind. Dein Lösungsweg mag ein anderer sein und es nur verwirren. Darüber hinaus kann es dazu verführt werden, in der Schule nicht mehr richtig aufzupassen, denn zu Hause bekommt es ja eh alles noch einmal erklärt.

Hat das Kind häufig Schwierigkeiten, die Hausaufgaben zu verstehen, dann setz dich mit dem Lehrer in Verbindung. Entweder erklärt er schlecht, oder er muß besser auf dein Kind eingehen.

Wenn du dir sicher bist, daß es den Lösungsweg beherrscht, laß es allein arbeiten und dir hinterher das vollbrachte Werk zeigen. Es ist nicht gut, wenn eine Mutter ständig neben dem Kind sitzt, Aufgabe für Aufgabe durchkämpft und es womöglich laufend antreiben muß.

Auch bei Hausaufgaben gilt als Erziehungsziel die wachsende Eigenständigkeit des Kindes. Je weniger dramatisch das Thema Hausaufgaben ist, je selbständiger das Kind zu arbeiten gewohnt ist, desto besser wird es sich auch konzentrieren können.

Auf die Frage, wann die beste Zeit für Hausaufgaben ist, kann keine eindeutige Antwort gegeben werden. Werden sie gleich nach dem Mittagessen erledigt, steht der restliche Nachmittag dem Kind unbeschwert zur Verfügung. Aber manch ein Kind ist mittags so erschöpft, daß es erst einmal eine Spielpause braucht, und ein anderes muß sich vielleicht richtig abreagieren und austoben. Die Festlegung der Zeit muß auf das Temperament des Kindes abgestimmt werden.

Es gibt flinke und langsame Kinder, gewissenhafte und schludrige. Auf jedes mußt du dich wieder neu einstellen. Laß jedes eigenständig arbeiten, sporn einen Trödler an – eventuell mit der „Ich-hab's-geschafft-Liste" –, und ermutige sie, aber mach dich nicht zu einem Überwacher und Antreiber.

Sinnvolle Freizeitgestaltung

Geht es dir auch fürchterlich auf die Nerven, wenn die Kinder an einem düsteren, verregneten Tag in der Wohnung herumhängen und sich nicht zu beschäftigen wissen?

„Mama, was können wir tun?" fragen sie und maulen dennoch über jeden Vorschlag, den du machst.

Manche Eltern machen sich Sorgen über ein Kind, das wenig Kontakte zu anderen Kindern sucht und viel vor sich hin brütet, andere über eins, das sich ständig mit seinen Freunden in der Siedlung herumtreibt und nachmittags kaum zu Hause ist. Es gibt Kinder, die stundenlang vor ihren Computerspielen hocken oder ständig vor dem Fernseher liegen würden, wenn sie nur dürften.

Was tun? Dürfen Kinder über ihre „freie Zeit" selbst verfügen, oder soll man sie auf diesem Gebiet lenken?

Zunächst einmal: Was Eltern für „sinnvoll" halten, mögen Kinder noch lange nicht so empfinden. Gehörst du zu den ganz Ehrgeizigen, dann müssen wir dich warnen, die schulfreie Zeit deiner Kinder zu stark in Beschlag zu nehmen. Manche Mütter haben sich zu Animateusen und Taxifahrerinnen ihrer Kinder befördert. Tag für Tag wird zu einem neuen Termin gehetzt: am Montag zur Ballettstunde, am Dienstag zum Klavierunterricht, am Mittwoch zum Schwimmkursus, am Donnerstag …

Schule kann sehr anstrengend sein, und Kinder haben genauso ein Bedürfnis zur Entspannung wie ein Berufstätiger. Wenn sie herumhängen und sich langweilen, ist das nicht ein Mangel an Selbstdisziplin oder an Ideen, sondern ein Zustand, in dem man zu nichts Lust hat, in dem man abgeschlafft ist und abschalten möchte. Gesteh es ihnen zu, und treib sie nicht noch an, wenn sie zu nichts zu bewegen sind.

Überleg lieber, wie ihr zusammen ausspannen könnt: bei einem gemütlichen Essen mit viel Erzählen und Scherzen, einem kuscheligen Vorlesen oder einem Bummel durch den Park? Auf diese Weise kann man sich gut erholen und auf neue Ideen kommen.

Frag dich einmal: Warum will ich überhaupt, daß sich mein Kind beschäftigt?

Etwa nur, damit du deine Ruhe hast oder damit es nicht auf dumme Gedanken kommt? Das kann doch nicht der Sinn einer Beschäftigung sein! Sondern vielmehr, damit es entspannen, seine Begabungen entdecken und seine Fähigkeiten entwickeln kann, nicht wahr?

Fähigkeiten entdecken! Abwechslungsreiche Aktivitäten regen die Phantasie und die schöpferischen Kräfte im Kind an. Sie wecken und fördern die in ihm schlummernden Stärken,

Talente und Fähigkeiten. Ein Kind, das weiß, was es wert ist, und sich zu beschäftigen versteht, kommt besser durch das Leben als eins, das zu nichts zu bewegen ist und das alles anödend findet.

Die jetzt vor euch liegenden Jahre des Kindes bis zum Beginn der Pubertät sind enorm wichtig zum Entdecken und Einüben von Fähigkeiten. Als unsere ersten Kinder in die Vorpubertät kamen, haben wir uns einen Ausspruch von James Dobson gemerkt: „Es gibt nichts Riskanteres, als einen Teenager ohne spezielle Fähigkeiten, ohne ein ernsthaftes Hobby, ohne jegliche Kompensationsmittel in die Stürme der Adoleszenz hineinzuschicken."

Viele Kinder haben, wenn sie in die Schule kommen, bereits ausgeprägte Interessen: das eine malt gern, das andere spielt so oft wie möglich Fußball oder ist am liebsten mit dem Fahrrad unterwegs, ein drittes singt gern und greift nach jedem Instrument, dessen es habhaft wird, oder es liebt und pflegt Tiere, züchtet Pflanzen, liest, sammelt die unmöglichsten Dinge, bastelt und hat ständig einen Schraubenzieher in der Tasche …

Ist es nicht herrlich, wie wunderbar unterschiedlich Kinder sind? An der Art, sich zu beschäftigen, kann man viel über die Persönlichkeit eines Kindes ablesen.

Wir haben bei unserer Schar zwischen „Draußen-" und „Drinnen-Kindern" unterscheiden gelernt. Es gibt solche, die fühlen sich draußen am wohlsten: toben, sich sportlich betätigen, mit dem Fahrrad herumstreifen, sich eindrecken, basteln, reparieren … Das ist ihre Welt! Wehe, es regnet, und sie können nicht nach draußen! Ihnen haben wir im Haus eine Tobe-Ecke eingerichtet mit einer Matratze zum Purzelbaum-Schlagen, Schaumstoffwürfeln zum Runterspringen und einer Schaukel zum Träumen von fernen Ländern und Abenteuern. Eine wohlsortierte Spielecke kann sie nicht begeistern. Was sie brauchen, ist eine Bastelecke mit Hammer, Nägeln, Tuschkasten, Holzresten und Haushaltsabfällen, um sich kreativ auszutoben.

„Drinnen-Kinder" geben sich ganz anders: sie wollen ihre Kuschelecke oder einen Schaukelstuhl zum Schmökern und Kassettenhören. Ihnen räumt man am besten einen eigenen Schreibtisch ein, an dem sie dann stundenlang malen und basteln können. Ihre kunstvoll aufgebauten Legoburgen oder Playmobil-Landschaften bleiben tagelang erhalten, werden ständig ergänzt und sind der Bewunderung wert. Bei ihnen muß man manchmal sanften Druck anwenden, damit sie sich nach draußen bewegen.

Berücksichtige bitte die unterschiedlichen Persönlichkeitszüge, unterstütze die natürliche Neugier, laß sie Neues kennenlernen, und fördere die geweckten Interessen so lange, bis ein Kind ihnen gern und selbständig nachgeht.

Manche Kinder tun sich darin leichter, weil sie ohnehin aktiver und flexibler sind, andere halt schwerer, weil sie bequemer und passiver veranlagt sind. Hast du die letztgenannten für etwas begeistern können und vergeht ihnen schnell wieder die Lust, dann darfst du ruhig etwas Druck ausüben, damit die schlummernden Talente nicht wieder einschlafen.

Nehmen wir zum Beispiel das Spielen eines Musikinstrumentes oder eine Sportart: Würdest du es ganz dem Kind überlassen, könnte es sein, daß es mit dem Unterricht beginnt und ihn dann wieder fallen läßt; einfach aus Bequemlichkeit oder weil sich der Erfolg nicht gleich einstellt. Bestehe für eine Weile hartnäckig auf der Fortsetzung. Sieht das Kind sich bestätigt und kommt es voran, wird es wieder motiviert sein und gern dabeibleiben. Quält es sich aber nach wie vor freudlos ab, dann halte nach etwas anderem Ausschau.

Was das Lesen betrifft, haben wir Kinder, die ständig mit Begeisterung schmökern, aber auch solche, die niemals freiwillig ein Buch in die Hand nehmen.

Soll man das einfach so durchgehen lassen, wo Lesen doch unbestritten eine wichtige Sache ist?

Unsere Lösung: Wir haben eingeführt, daß hauptsächlich in den Herbst- und Wintermonaten, in denen es früher dunkel wird, die letzte Stunde vor dem Schlafengehen einem Buch gewidmet wird. Wer dazu keine Lust hat, kann ja schon eher einschlafen. Das ist ein sanfter Druck, der bei manch einem dann doch die Freude am Lesen geweckt hat. Besonders, wenn das Buch wider Erwarten interessant und spannend ist. Dafür müssen natürlich wir Eltern sorgen.

Welche Spielsachen? Es gibt ein nicht zu überschauendes Angebot an Spielsachen. Welche sind die richtigen? Doch gewiß die, welche den oben genannten Zielen am nächsten kommen: Dinge, die abwechslungsreich sind, die die Phantasie und schöpferischen Kräfte altersgemäß anregen, den kindlichen Spieldrang vor Verwilderung schützen und helfen, sich seelisch freizustrampeln.

Da fallen viele kommerzielle Billigangebote, die nach kurzem Gebrauch auseinanderfallen, von vornherein weg. Wir haben immer noch Spielsachen, die jetzt schon fast zwanzig Jahre intensiv genutzt werden: die heißgeliebte Holzeisenbahn, ein Riesensortiment naturbelassener Bauklötze, mit denen Burgen und Türme bis unter die Decke gebaut werden können, der Holzbaukasten mit großen Teilen, die Legosteine und Playmobil-Figuren ...

Achte darauf, daß du mit der Zeit nicht ein Durcheinander von verschiedenen Fabrikaten hast. Entscheide dich lieber für eins, und erweitere es ständig. Es zahlt sich aus, mehr Geld für besseres Material auszugeben, besonders, wenn man eine größere Familie haben will und die Kinder über Jahre damit umgehen sollen.

Um den unterschiedlichen Interessen deiner Kinder gerecht zu werden, laß dir auch Spielsachen einfallen, die nicht so geläufig sind. Dazu mußt du vielleicht in ein gutes Fachgeschäft gehen oder einmal einen Katalog für den Kindergartengebrauch durchblättern.

Es gibt Sportgeräte, die sich Kinder gar nicht wünschen können, einfach, weil sie sie noch nie gesehen haben: ein Trampolin oder einen Punchingball, um überschüssige Kräfte abzulassen, Hanteln, Stelzen und Geräte, die die Geschicklichkeit fördern. Geh doch einmal rechtzeitig vor dem nächsten Kindergeburtstag in eine Fachabteilung für Sportgeräte oder in ein Geschäft für Artistenbedarf.

Unter den Musikinstrumenten gibt es preiswerte Blockflöten, Mundharmonikas, Glockenspiele, Klanghölzer, Rasseln, Schellenringe und Bongos ...

Manche Kinder sind ausgesprochene „Maler" und „Bastler". In einem Geschäft für Zeichenbedarf kannst du auf ganz neue Anregungen kommen. Es gibt Technikbausätze und Experimentierkästen für die Bereiche Elektronik, Biologie, Chemie, Physik und Computerwesen. Vergiß nicht, was man alles mit Handpuppen und einem Figurentheater anstellen kann. Oder mit einer Taschenlampe, einem Magneten, einem Kompaß, einem Fotoapparat ...

Viele gängige Kaufhausspielsachen verlieren mit der Zeit ihren Reiz. Was aber immer anziehend bleibt, ist ein Sortiment an Werkzeugen und Materialien zum kreativen Gestalten, zum Basteln, Werken, Produzieren.

Wenn du diese Dinge dem Kind nicht nur vorsetzt, sondern selbst bei den Aktivitäten mitmachst, wird die Begeisterung kein Ende finden. Kinder können eine Riesenausdauer entwickeln, wenn sie mit Papa oder Mama zusammen werkeln, basteln oder reparieren dürfen.

Bedenkliche Spielgeräte? Was tust du, wenn deine Kinder Spielsachen geschenkt bekommen oder kaufen wollen, die du nicht ausstehen kannst, zum Beispiel billiges Plastikzeug, kitschige Barbie-Puppen, Revolver und Panzer, gräßliche „Masters", „Regina Regenbogen"-Kassetten oder den „Kleinen Vampir" ...?

Leben deine Kinder mit einem gut sortierten und kreativen Angebot an Spielsachen, brauchst du dir um diese Einflüsse keine großen Sorgen zu machen. Sie haben nämlich mit dir zusammen einen guten Geschmack entwickelt und werden selbst zwischen Kitsch und Wertvollem unterscheiden können. Der Reiz des Neuen ist selbstverständlich vorhanden, kann aber schnell wieder verfliegen.

Revolver, ratternde Plastik-Maschinenpistolen und Panzer wecken bei vielen Eltern Bedenken. Gelegentliches „Herumballern" wird Kinder nicht gleich zu Kriegsverehrern machen. Ständige Sandkasten- oder Videospiele, in denen mit Panzern, Raketen und Flugzeugträgern große Feldschlachten ausgeführt werden, schon eher.

Du darfst nicht übersehen, daß gerade Fernsehsendungen mit gewalttätigem Inhalt einen verheerenden Einfluß auf Kinder ausüben. Das, was sie dort an Ballerei und Totschlag sehen, wird dann auf den Hinterhöfen mehr oder weniger realistisch nachgespielt. Entdeckst du an deinem Kind gefährliche Tendenzen, dann mach dir zunächst einmal über seinen Fernsehkonsum Gedanken.

Unsere Eltern haben uns als Kinder gesagt: „Wir haben erlebt, wie grausam ein Krieg ist. Deswegen wollen wir nicht, daß ihr euch im Spaß totschießt." Deswegen gab es für uns keine Pistolen, Gewehre oder Kriegsspielzeug.

Wir haben darüber auch mit unseren Kindern gesprochen, und sie akzeptieren, daß es in unserem Haus keine gewaltverherrlichenden Spielsachen gibt. Ballern sie bei anderen Kindern mit herum, machen wir kein Drama daraus. Sie kennen unseren Standpunkt, und wir vertrauen darauf, durch unser Vorbild eine gute Grundlage für ihre Haltung Gewalt gegenüber gelegt zu haben.

Es gibt Spielsachen und Medien, die du aufgrund deines christlichen Lebensstils nicht in deiner Familie dulden solltest, nämlich solche, die eindeutig ein anti-christliches Gedankengut verbreiten. Davon gibt es inzwischen sehr viele: die Masters of the Universe, die „lieben" Außerirdischen wie E.T. oder Alf, die Ewoks, die Hexen und Vampire, aber auch die niedlichen Glücks-Bärchis, Regina-Regenbogen, „Mein kleines Pony" u.a.

Am intensivsten ist der Einfluß der New-Age-Bewegung, die − inspiriert durch alle möglichen Varianten des Okkultismus − den christlichen Glauben ablösen und ein neues Bewußtsein schaffen will.

Wenn du dich damit noch nicht genügend auseinandergesetzt hast, dann wird dir das Buch von Katrin Ledermann und Ulrich Skambraks, „Der Griff nach unseren Kindern" (Schulte & Gerth [6]1990), eine gute Hilfe sein.

„Was soll ich tun, wenn mein Kind bei anderen damit spielt, solche Sendungen im Fernsehen sieht oder gar so eine Kassette von anderen zum Geburtstag geschenkt bekommt?"

Hat eins unserer Kinder zum Beispiel eine „Regina Regenbogen"-Kassette geschenkt bekommen, so haben wir mit dem Kind über den Inhalt und die Absicht dieser Art Kassetten gesprochen − gegebenenfalls einen Teil zusammen angehört − und begründet, warum wir als Christen so etwas nicht in unserer Familie haben wollen. Dann haben wir dem Kind eine andere zum Tausch angeboten. Glücklicherweise gibt es inzwischen auf dem christlichen Kassettenmarkt gute Produktionen, die den säkularen an Spannung und Aktion nicht nachstehen.

Die gesamte mystisch-okkulte Welle übt tatsächlich einen

gefährlichen Einfluß auf die kindliche Entwicklung aus, besonders, wenn das Kind kaum etwas anderes kennenlernt. Manche Eltern machen sich aber zu viele Sorgen, wie sie ihre Kinder davor bewahren können.

Striktes Verbieten ist letztlich sinnlos. Wenn ein Kind will, kann es überall heimlich an diese Sachen herankommen, seine Umwelt ist voll davon. Was du erreichen mußt, ist, daß es aus persönlicher Einsicht nichts damit zu tun haben will oder sich nur gelegentlich darauf einläßt. So etwas kannst du nur durch alternative Angebote, Gespräche und Vertrauen erreichen. Euer Familienzusammenhalt wird das Entscheidende sein! New Age ist nämlich eine direkte Herausforderung an euren christlichen Lebensstil.

Welch ein Kind ist denn besonders anfällig für das New-Age-Gedankengut? Die klassischen Einstiegstore sind: Langeweile, Neugier und Verzweiflung!

Willst du dein Kind davor bewahren, mußt du dafür sorgen, daß es wenig Langeweile und Überdruß hat, daß seine Neugierde an übernatürlichen Dingen durch einen erlebnisreichen, lebendigen, christlichen Lebensstil gestillt wird und Angst und Verzweiflung durch eine gute familiäre Geborgenheit aufgefangen werden.

Gelingt dir dies, braucht dich ein vorübergehendes Liebäugeln deiner Kinder mit New-Age-Spielsachen nicht beunruhigen. Du hast eine gute Grundlage gelegt und darfst darauf vertrauen, daß sie die richtigen Entscheidungen treffen werden.

Einfluß durch Fernsehen. Das Fernsehen scheint aus dem Alltag von Kindern nicht mehr wegzudenken zu sein. Nur noch in zwei Prozent der Elternhäuser wachsen Kinder ohne ein Fernsehgerät auf. Die Sechs- bis Neunjährigen sehen täglich zwischen einer und anderthalb Stunden fern, die Zehn- bis Zwölfjährigen ein bis zwei Stunden. An den Wochenenden wesentlich mehr. In dem Buch „Kinder in der Zerreißprobe" (Schulte & Gerth ⁵1990, S. 108) ist Eberhard ausführlich auf das Thema Fernsehen in der Familie eingegangen.

Unter den Medienpädagogen gibt es viele, die aufzeigen, daß ein häufiger, vor allem aber ein unkontrollierter Fernsehkonsum auf Kinder wesentlich mehr negative Einflüsse ausübt als positive. Welche Bedenken werden geäußert?

Die Trennungslinie zwischen Erwachsenen- und Kinderwelt wird verwischt. Nichts bleibt den Kindern verborgen. Krankheit, Tod, Verderben, Aggression, Sexualität, Verzweiflung – dies alles wird vor dem kindlichen Zuschauer ohne Zurückhaltung ins Bild gebracht. Ihnen wird damit die Kindheit geraubt!

Besonders gravierend sind die Auswirkungen der Gewaltdarstellungen. Es läßt sich auf jeden Fall sagen, daß Kinder desto stärker das Empfinden für Gewalt verlieren, je häufiger sie fernsehen. Der Pädagogikprofessor Werner Glogauer hat bisher unveröffentlichte Vernehmungsprotokolle deutscher Amts- und Landgerichte eingesehen. Seine Bilanz: „Mindestens jedes zehnte Gewaltverbrechen, das jugendlichen Tätern angelastet wird, geht eigentlich auf Konto der Medien."

„Friedrich und Stein führten bei Kindern im Kindergartenalter eine vergleichende Untersuchung durch. Hierbei wurde untersucht, wo der Unterschied hinsichtlich des Einflusses liegt, wenn Kinder vier Wochen lang nur aggressive Filme bzw. nur pro-soziale Serien (Sendungen, die Zusammenarbeit und gegenseitige Hilfe positiv darstellen) oder nur neutrale Filme zu sehen bekommen. Die Kinder wurden in der Klasse und auf dem Spielplatz beobachtet. Die Kinder, die die aggressiven Filme präsentiert bekommen hatten, beherrschten sich im Gegensatz zu früher schlechter und brachten weniger Geduld auf. Außerdem gehorchten sie auch schlechter. Es wurden nur die Kinder aggressiver, die schon vorher aggressiv waren. Die Kinder, die die pro-sozialen Filme gesehen hatten, gehorchten im Vergleich zu früher besser, waren weniger ungeduldig und konnten beim Spielen besser warten, bis sie an der Reihe waren" (Rita Kohnstamm, „Praktische Psychologie des Schulkindes", Huber 1988, S. 110).

Vielleicht gibt dir diese Untersuchung eine Erklärung, warum deine Kinder häufig unwillig und unbeherrscht sind. Wir stehen dem Fernsehen in seiner heutigen Form sehr ablehnend gegenüber. Nur wenige Sendungen sind für Kinder so lehrreich und attraktiv, daß sie ihnen das eigene Spielen und Erkunden, Sport, Musik oder das Herumtoben mit Gleichaltrigen ersetzen können. Kommt eine gute Sendung, dann ausgerechnet zu einer Zeit, in der die Kinder intensiv spielen oder man als Familie etwas unternehmen möchte.

Warum nicht gleich den Fernseher rausschmeißen und die „pro-sozialen" Filme auf Video für ein eigenes, „sauberes" Heimkino sammeln?

So machen wir es schon seit vielen Jahren. Wir haben einen alten Fernseher mit gekapptem Antennenanschluß als Monitor und eine wachsende Sammlung unterhaltsamer und lehrreicher Videos aus dem christlichen und säkularen Markt. Gibt es einen guten Fernsehfilm, sagen wir einem Bekannten Bescheid, der ihn für uns aufnimmt. Sobald es in unseren Tagesablauf paßt, können wir ihn uns ansehen.

Mit dieser Regelung leben wir großartig. Filme ganz aus einer Familie zu verbannen könnte zu negativen Reaktionen unter den Kindern führen, sie könnten dann ständig nach einem Fernseher jammern oder sich heimlich Sendungen in der Nachbarschaft anschauen. So haben wir unser eigenes Programm, können unseren Unterhaltungs- und Entspannungsbedürfnissen „sauber" nachkommen, und die Kinder sind zufrieden.

Vor allem ersparen wir uns das ewige Gebettele nach noch einer Sendung, die peinliche Szene, einen Film mittendrin auszuschalten, weil sich hinter dem „harmlosen" Titel eine Vergewaltigung der Kinderseele verbirgt, und die bange Sorge, was sich die Kinder wohl anschauen mögen, wenn wir nicht mit dabeisitzen können.

Es gibt eine Reihe von brauchbaren Regeln für den Umgang mit einem Fernseher in der Familie, die sich aber um so schwerer einhalten lassen, je größer eine Familie ist.

Der beste Ratschlag ist wohl der, mit den Kindern möglichst oft etwas zu unternehmen und damit das Familienleben so auszufüllen, daß für das Sitzen vor der Mattscheibe weder Zeit noch Interesse übrigbleibt.

Manche Eltern gehen am Anfang der Woche mit ihren Kindern die Programmzeitschrift durch und lassen sie einige Sendungen aussuchen. So lernen sie, gezielt auszuwählen und maßzuhalten. Ein guter Tip, der sich aber nur in Kleinfamilien verwirklichen läßt. Wie soll man es handhaben, wenn sich fünf Kinder fünf verschiedene Filme auswählen?

Wenn der „gläserne Diktator" nicht mitten im Wohnzimmer thront, sondern für eine Sendung erst einmal vom Schrank im Flur geholt werden muß, ist das für Eltern und Kinder eine großartige Bremse, nicht unkontrolliert alle Programme durchzuspielen.

Und daß dein eigenes Fernsehverhalten die Sehgewohnheiten in deiner Familie am intensivsten beeinflussen wird, brauchen wir wohl gar nicht zu erwähnen! Kinder, deren Eltern sparsam fernsehen, entwickeln sich in der Regel nicht zu notorischen Röhrenguckern. Oder, andersherum gesagt: Wenn du die Fernsehgewohnheiten deiner Kinder positiv lenken möchtest, dann beobachte zunächst einmal deine eigenen und ändere sie, wenn nötig!

Berücksichtige bitte unbedingt folgendes: fernsehen zu dürfen sollte niemals als Belohnung, Fernsehverbot niemals als Strafe eingesetzt werden! Dadurch wird das Fernsehen in den Augen der Kinder nur aufgewertet.

Diese Regel einzuhalten fällt Fernsehbesitzern sehr schwer. Denn kaum etwas wirkt schneller als die Drohung: „Hört sofort auf mit der Streiterei. Sonst gibt es heute nachmittag nichts zu sehen!" Oder: „Kommt, räumt schnell auf. Danach dürft ihr fernsehen." Solche Erziehungsmaßnahmen wirken wie ein Bumerang: am Ende drehen sich Wohl- und Fehlverhalten allein um die Zeit, die vor dem Fernseher verbracht werden darf.

Freunde. Zur Freizeitgestaltung gehören Spielkameraden. Für die meisten Kinder spielen Freundschaften eine wichtige Rolle. Sie brauchen die Anerkennung der Gleichaltrigen und den Wettbewerb mit ihnen.

Freunde üben einen enormen Einfluß aus. Du hältst es nicht für möglich – plötzlich spielt dein Kind so ausdauernd mit Dingen, die es vorher gar nicht angerührt hat. Oder es wird viel fröhlicher und hilfsbereiter. Freu dich, es ist in gute Hände geraten.

Denn es kann auch ganz anders kommen. Da übernimmt so ein „Feger" aus der Nachbarschaft die Führung über deinen braven Jungen. Alles, was der sagt und tut, ist toll – nur nicht in deinen Augen.

Freundschaften können viel bewirken: zum Positiven und leider auch zum Negativen. Du brauchst also eine Strategie und Regeln, wie du diesen Bereich handhaben willst.

„Darf man denn eine Kinderfreundschaft verbieten?" Ja, aber wirklich nur in einem bedrohlichen Fall.

Wir mußten es einmal tun. Unser zehnjähriger Junge war beinahe jeden Nachmittag bei einem Klassenkameraden zu Hause. Bis wir erfuhren, daß beide Eltern berufstätig waren und die zwei die gesamte Zeit vor dem Videoschrank verbrachten und sich Erwachsenenfilme ansahen, bei denen sich die Eltern nicht die Mühe machten, sie einzuschließen. Wir sprachen mit unserem Stefan, verboten ihm, weiterhin dorthin zu gehen, aber machten das Angebot, daß sein „Freund" jederzeit zu uns kommen könnte, um mit ihm hier zu spielen. Das tat er auch ein- oder zweimal, und dann war er nicht mehr zu sehen. Darüber waren wir nicht böse, und Stefan hatte bald einen anderen Spielkameraden.

Du kannst einiges unternehmen, um solch einer Szene vorzubeugen. Nämlich, indem du von vornherein hilfst, gute Freundschaften anzubahnen, und dazu ermutigst. Das darf natürlich nicht plump geschehen, und erzwingen kannst du es erst recht nicht.

Aber bemühe dich doch um ein gastfreies Haus, pflege Freundschaften zu christlichen Familien, deren Kinder im gleichen Alter sind. Unternimm etwas mit den anderen Kindern: mach Ausflüge, feiere Kindergeburtstage, lade sie ein, auch einmal über Nacht, und wenn du siehst, daß sich ein Kind gut mit deinem versteht und sie sich gegenseitig ansporenen und bereichern, dann erleichtere ihnen das Zusammenkommen.

Wenn wir Kinderbesuch haben, behält Claudia zwar die Aufsicht, stellt jedoch klar, daß es nicht ihr Gast, sondern der des Kindes ist. In fast jedem Kinderzimmer gibt es eine Gästematratze. So bezieht das gastgebende Kind das Bett, legt die Handtücher im Bad zurecht und sorgt auch sonst für den Gast. Auf diese Weise können eine ganze Reihe von Gästen gleichzeitig beherbergt werden, ohne daß sich Claudia überfordert fühlt.

Unterstütze Brieffreundschaften, und laß dein Kind in den Ferien seinen Brieffreund beziehungsweise seine Brieffreundin besuchen. Kinderfreizeiten sind ebenfalls eine sehr gute Gelegenheit, Freundschaften zu knüpfen.

Auf solche Kontakte haben wir immer viel Wert gelegt und sie uns auch etwas kosten lassen. Aber es hat sich ausgezahlt, besonders als die ersten in die Teenagerjahre kamen und ihnen weiterhin gute Freundschaften wichtig waren.

Darüber hinaus solltest du ein offenes Herz und eine offene Wohnung für alle Kinder haben, die zu dir kommen, ob es nun Freunde, Nachbarskinder oder Klassenkameraden sind. Bei uns zu Hause springen schon viele Mühlankinder herum, aber wir nehmen gern die Mühe auf uns, auch noch ihre Freunde zu beherbergen. Dann behalten wir wenigstens den Überblick und bekommen nebenbei den Umgang unserer Kinder mit. Das ist auf jeden Fall besser, als wenn sie stundenlang irgendwo verschwunden sind und wir nicht wissen, was sie treiben.

Auch wenn du nicht soviel Platz wie wir haben solltest, kümmere dich mütterlich beziehungsweise väterlich um die anderen Kinder. Manche haben es bitter nötig, einem netten Erwachsenen zu begegnen, der sie akzeptiert und ernst nimmt. Sie hungern nach Liebe, Achtung und Verständnis.

Begegnest du ihnen mit dieser Haltung, dann kannst du auch erwarten, daß die „Hausregeln" von deinen kleinen Gästen genauso eingehalten werden wie von den eigenen Kindern. Scheu dich nicht, diese Regeln liebevoll, aber bestimmt mitzuteilen; das betrifft insbesondere den Umgangston, das Herumtoben, das Benutzen von Spielsachen usw.

Wir müssen schmunzeln, daß sich manche Kinder zum Erstaunen ihrer Eltern bei uns ganz anders geben, als die Eltern es zu Hause gewohnt sind.

Taschengeld

Du wirst dich wundern, wie schnell das Thema Taschengeld zu einem „Zankapfel" in der Familienrunde werden kann; besonders, wenn sich Eltern nicht sehr viel Gedanken darüber gemacht haben.

Stell dich schon einmal darauf ein: Andere bekommen grundsätzlich mehr als dein „armes" Kind, und reichen wird der Betrag bei manchen auch nie …

Ab welchem Alter sollte man denn überhaupt Taschengeld zahlen, und wieviel? Was ist überhaupt der Zweck eines Taschengeldes?

Diese und viele andere Fragen zu einer soliden Wirtschaftserziehung unserer Kinder mußten wir uns selbst beantworten und dann lernen, die Prinzipien im Familienalltag umzusetzen. Schließlich hat Eberhard – nach einem siebzehn Jahre langen

Training an elf Kindern – unseren Erfahrungsschatz in dem *Mühlan-Tip 2,* „Papa, rück' die Scheine raus!" (Schulte & Gerth 1990), zusammengefaßt. Hier einige Kostproben:

„Ein ernsthafter Umgang mit Geld wird erst sinnvoll, wenn das Kind eine Vorstellung von Zahlen hat ...
Also, vor dem fünften Lebensjahr hat es wohl kaum Sinn, ein regelmäßiges Taschengeld auszuzahlen. In unserer Familie hat es sich eingebürgert, beim Schuleintritt damit zu beginnen. Das ist ja ohnehin der Eintritt in die ‚große, weite Welt', und da macht sich der Beginn einer regelmäßigen Auszahlung gut" (S. 20).

„Behalten Sie vor Augen, daß Sie mit dem Geld, das Sie dem Kind in die Hand geben, wertvolle und weitreichende Erziehungsziele verfolgen: es soll den Wert von Geld erkennen und damit planen, es einteilen und sparen lernen.
Dieses Ziel wird nur erreicht, wenn ein Kind regelmäßig mit einer festen Summe rechnen kann und über diesen Betrag auch relativ frei verfügen darf. Wie soll es sonst diese Tugenden lernen?
Es empfiehlt sich, das Taschengeld bei einem Grundschulkind wöchentlich auszuzahlen. Nach einigen Jahren könnten Sie die Auszahlung vierzehntägig vornehmen, und vielleicht ab dem zehnten bis zwölften Lebensjahr den Betrag monatlich geben" (S. 26-27).

„Die Strategie mit unseren Kindern sieht folgendermaßen aus: mit zunehmendem Alter mehr Freiheit und Verantwortung im Umgang mit Geld. Vom ‚Taschengeld' zum ‚Wirtschaftsgeld'!
... Wie das Schritt für Schritt verwirklicht werden kann, möchte ich jetzt am Beispiel eines älteren Grundschülers ... aufführen:
Schulmaterial. Wenn Ihr Kind neun oder zehn Jahre alt ist, also in der vierten oder fünften Schulklasse, könnten Sie damit beginnen, es sein laufendes Schulmaterial selbst bezahlen und verwalten zu lassen. Dazu gehört selbstverständlich eine entsprechende Erhöhung des kindlichen Etats.
Wir geben den Kindern zum Schuljahresbeginn die gesamte Startausrüstung an Heften, Umschlägen, Blöcken und Schreibmaterial. Die Verantwortung für die laufende Nachver-

sorgung tragen sie allerdings selbst. Diese Regelung hat mir eine enorme Last abgenommen.

Zuvor gingen einige meiner Kinder recht schluderig mit ihrem Material um. Hefte wurden nicht vollgeschrieben, teure Arbeitsblöcke als Schmierpapier verwendet, mit Bleistiften Karate gespielt und was nicht alles. Manchmal standen mir tatsächlich die Haare zu Berge. Was tun, außer Schimpfen und Druckanwenden? Da kam mir die tolle Idee der Eigenverwaltung. Ich nannte den Kindern meinen Vorschlag. Sie waren begeistert, besonders von der Taschengelderhöhung. Und, o Wunder, plötzlich kamen sie zu mir ins Büro: ‚Papa, sag mal, hast du nicht ein wenig Schmierpapier für mich?‘ Schon hatten sie den Wert von Arbeitsblöcken erkannt. Für Karate wurden lieber Holzstückchen gesucht, und auch die Radiergummies verschwanden nicht mehr am laufenden Band. Es war herrlich, die Umsicht der Kinder zu bewundern. Unsere einzige Sorge blieb, den Schuletat richtig einzuschätzen.

Geschenke. Daß Kinder die Geschenke für Geschwister und Eltern zum Geburtstag und zu Weihnachten selbst von ihrem Taschengeld bestreiten, ist geläufig. Warum aber greifen Eltern wie selbstverständlich in die Tasche, wenn es um Geburtstagsgeschenke für Freunde und Klassenkameraden geht? Schließlich ist doch das Kind eingeladen und nicht die Eltern. Es darf ruhig ein kleines Opfer für das eingeladene Kind bedeuten, denn ein Geschenk ist der Ausdruck einer persönlichen Anteilnahme.

Unser Vorschlag und unsere eigene Regelung: 5 DM für ein Geschenk trägt das Kind anteilig selbst, und den Rest geben wir dazu.

Natürlich müssen solche Ausgaben unbedingt bei der Höhe des Taschengeldes berücksichtigt werden. In einer größeren Familie und bei kontaktfreudigen Kindern kann der Geschenkeposten recht hoch ausfallen. So, wie manche Arbeitnehmer ein dreizehntes Monatsgehalt bekommen, kann es ratsam sein, den Kindern für die Weihnachtszeit auch ein dreizehntes „Wirtschaftsgeld" zuzugestehen.

Extraausgaben. Was liegt sonst nicht noch alles an? Busmarken für den Stadtbummel, Eintritt für die Eissporthalle, den Zoo oder das Kino, Futter für das Zwergkaninchen …

Wie oft liegen einem die Kinder in den Ohren: ‚Mama, ich brauche dies ...‘, ‚Papa, kann ich Geld haben für ...?‘

Hüten Sie sich vor zu vielen unkontrollierten Extrazahlungen. Sie können den ganzen wohlüberlegten Lernprozeß einer Wirtschaftserziehung für heranwachsende Kinder zunichte machen.

Es mag sein, daß diese Gedanken Ihnen ganz neue Einsichten für Ihre Taschengeldstrategie eröffnen. Sehen Sie zu, daß Sie so wenig Extraauszahlungen für die vielen Dinge des Kinderalltags wie möglich machen! Kalkulieren Sie diese Kosten von vornherein ein, erhöhen Sie das ‚Wirtschaftsgeld‘ entsprechend, und lassen Sie das Kind selbst planen, verwalten und ausgeben. Auf diese Weise kommen Sie von einer gedankenlosen ‚Taschengeldzahlung‘ mit den vielen Extragaben weg und führen Ihr Kind tatsächlich in eine wertvolle Wirtschaftserziehung, die bleibende Auswirkungen für die Zukunft haben wird.

Wenn Sie das jetzt kurz durchkalkulieren, erschrecken Sie vielleicht über die enorme Erhöhung, die Sie vornehmen müßten. Aber trösten Sie sich: normalerweise würden Sie es ja ohnehin zahlen. Es ist doch lediglich eine Kostenverlagerung. Ihr monatlicher Familienhaushalt wird dadurch nicht stärker belastet. Das, was Sie eventuell nach vielem Betteln sowieso ausgeben würden, übertragen Sie gleich in die Verantwortung des Kindes ...

Eine konkrete Planung. Ich möchte diese Vorschläge einmal an dem Beispiel unserer neunjährigen Esther durchgehen. Dies ist ein Alter, in dem man ernsthaft mit einer Wirtschaftserziehung beginnen kann.

Sie wird im Jahresdurchschnitt so etwa alle zwei Monate zu einem Geburtstag von Freundinnen oder Klassenkameradinnen eingeladen. Da sie mit 5 DM pro Geschenk beteiligt ist, müssen schon einmal 2,50 DM pro Monat an Geschenkegeld berücksichtigt werden. Aber dann gibt es auch noch die vielen Geschwister, die Eltern und die Großeltern. Da in unserer Familie durchschnittlich jeden Monat ein Geburtstag gefeiert wird und ein Geschenk in dem Alter mit etwa 2 bis 4 DM zu Buche schlägt, müssen wir einen stärkeren Aufschlag geben als eine kleinere Familie. Also werden pro Monat schon einmal

5 DM an Geschenkegeld einkalkuliert plus das Weihnachtsgeld im Dezember. Dann müssen wir ihre ‚Extras' berücksichtigen. Esther geht gern Schlittschuhlaufen. Das wollen wir mit 4 DM pro Monat vergüten. Auch Geld für vier Extra-Busmarken für rund 3 DM gehören dazu. (Regelmäßige Fahrten zu Kinderstunden, Schulveranstaltungen u. a. werden selbstverständlich vom Familienetat beglichen.) An Schulmaterial haben wir für sie 5 DM errechnet, und das, was man in dem Alter normalerweise unter ‚Taschengeld' versteht, verbuchen wir mit 12 DM. Da wir einen eigenen ‚Bonbonladen' mit ausgewählten Süßigkeiten aus Sonderangeboten und vom Großmarkt haben, sind wir eine echte Konkurrenz zum Kiosk und müssen den Posten für Schleckereien nicht so hoch veranschlagen. Trotzdem kommen wir bei diesem kleinen Mädchen auf stolze 29 DM pro Monat.

Nun braucht so ein Kind natürlich Hilfen, um damit umgehen zu können. Zunächst muß ihm die gesamte neue ‚Wirtschaftspolitik' erklärt werden. Esther war mit großer Aufmerksamkeit und Begeisterung dabei. Nicht nur vordergründig wegen der Gelderhöhung, nein, hauptsächlich, weil sie sich ernst genommen fühlte und ‚groß' vorkam und spürte, daß wir ihr sehr viel zutrauten.

Die monatliche Summe sollte in Wochenportionen aufgeteilt werden – für dieses Alter geht es gar nicht anders –, und ein Kindersparbuch, bei unserer Bank nennt es sich ‚Jeanssparbuch', eröffnet werden. Wir sagen, daß stets 10 DM Reserve auf dem Buch angespart bleiben müssen für unvorhergesehene Ausgaben. ‚Stell dir vor, du wirst ganz plötzlich zum Geburtstag eingeladen oder du möchtest mit deinen Freundinnen noch einmal in die Eissporthalle gehen, und dein Geld ist aufgebraucht. Dann marschierst du zur Bank und hast doch noch etwas. In der neuen Woche mußt du dann wieder anfangen, die Reserve von 10 DM anzusparen. Natürlich würden wir uns freuen, wenn du noch mehr sparen würdest, aber das muß nicht sein.'

Mit diesen Hilfen kann auch schon ein neun- oder zehnjähriges Kind lernen zu wirtschaften. Ganz nebenbei verliert es die Scheu vor einer Bank und übt sich im Umgang mit Formularen.

Versuchen Sie, diese Strategie einmal auf Ihre Kinder anzuwenden. Bei einem jüngeren müssen Sie noch einige Abstriche machen, bei einem älteren lediglich kleine Anpassungen. Am besten, Sie gehen ebenfalls von dieser Viererteilung aus:

	(Name des Kindes)	(Name des Kindes)
Schulmaterial		
Geschenke		
„Extras"		
Taschengeld		

Mithelfen

Auch zu diesem Punkt hat Eberhard in „Papa, rück' die Scheine raus!" schon einiges gesagt, das wir hier mit anführen wollen. In unseren Augen ist die „Mithilfe aller Familienmitglieder für den reibungslosen Ablauf eines Haushalts eine Selbstverständlichkeit. Nicht nur Mädchen, auch die Jungen tragen ihren Teil Verantwortung. Das Ausmaß ist in erster Linie vom Alter abhängig" (E. Mühlan, „Papa, …", S. 63).

Betrachte das Mithelfen deiner Kinder nicht nur vordergründig als eine Arbeitserleichterung für dich, sondern erkenne die weitreichenden Folgen für deren Persönlichkeitsentwicklung. „Möchtest du, daß dein Kind Hilfsbereitschaft, Ausdauer und Selbständigkeit erwirbt, dann gib ihm Aufgaben, bei denen es diese Tugenden erlernen und anwenden kann. Der ideale Rahmen ist die Mitarbeit in der Familie.

Machen sich Eltern, insbesondere die Mütter, zu Dienstboten der Kinder, versäumen die Kinder ein gehöriges Stück an guter Persönlichkeitsentwicklung" (E. Mühlan, „Papa, …", S. 63). Leider geht es in vielen Familien so zu. Und du wirst immer eine Entschuldigung hören: Zuerst sind die Kinder zu klein, um mithelfen zu können; es geht allein ja viel schneller. Sind sie allerdings größer, haben sie zuviel andere Dinge zu tun, um auf den Gedanken zu kommen mitzuhelfen. Ehe du dir dann bei den Teenagern die langen Gesichter ansiehst oder ihr Gemeckere über dich ergehen läßt, machst du es lieber selbst, während sie die Beine unter den Tisch strecken. Es ist für herangewachsene Kinder auch nicht einzusehen, daß sie auf einmal mitanfassen sollen, wo es doch vorher so schön bequem für sie lief.

Wir wollen einmal umreißen, wie in unserer Familie die Mitarbeit von Kindern zwischen sechs und zwölf Jahren aussieht: Einmal in der Woche hat ein Kind für einen ganzen Tag Küchendienst. Mit dem Eintritt in die Schule werden sie in diese Aufgabe eingeführt. Dazu gehört, daß sie den Tisch vollständig decken, einschließlich Wurst- und Käseplatte, ihn nach dem Essen abräumen, das schmutzige Geschirr in den Geschirrspüler räumen und das saubere in die Regale und Schränke.

Die Kinder leeren die Papierkörbe in ihren Zimmern aus. Sie bringen ihre Schmutzwäsche an die Waschmaschine und räumen die saubere Wäsche selbständig in ihre Schränke ein. Die großen Mädchen (elf und vierzehn Jahre) sind allein verantwortlich für die Ordnung in ihrem kleinen Bad. Die Kinder halten ihr Zimmer eigenständig in Ordnung, putzen ihre Schuhe selbst und achten an ihrem Platz in der Garderobe auf Ordnung.

Allen Kindern ist klar, daß sie ihren Teil Verantwortung tragen, damit der Familienalltag reibungslos verläuft. Für uns ist dies von Anfang an ein klar formuliertes Erziehungsziel gewesen. Tatsächlich ist es zu einer nahezu selbstverständlichen Haltung bei den Kindern geworden.

Natürlich gibt es auch einmal lange Gesichter. Dann gestehen wir dem Kind ein, daß uns die Hausarbeit auch nicht immer leichtfällt: „Weißt du, wir arbeiten auch nicht nur, weil es uns Spaß macht, sondern weil es für das Zusammenleben notwendig ist und weil wir euch liebhaben. Wenn wir mal für einige Tage nur das täten, wozu wir Lust haben, dann wärt ihr arm dran!"

Auf diese Weise erfahren Kinder, daß es im Leben nicht nur um das geht, wozu man Lust hat, sondern auch um das, was notwendig ist und was man aus Liebe zu anderen tut. Es würde sich fatal auf die Entwicklung deines Teenagers auswirken, wenn er seine ganze Kindheit hindurch nur das tun bräuchte, wozu er gerade Lust hätte. Wenn sein Arbeitsverhalten als Jugendlicher und Erwachsener später immer noch von diesem „Lustprinzip" gesteuert wird, ist er wirklich nicht gesellschaftsfähig. Vermittele deinem Kind rechtzeitig ein gesundes Arbeitsverhalten.

Trotz allem, achte darauf, daß du dein Kind nicht überforderst. Den richtigen Maßstab zu finden ist nicht so einfach. „Hat ein Mädchen zum Beispiel jeden Tag Küchendienst zu machen und ständig zu putzen und aufzuräumen, wird es nach unserem Ermessen zu stark beansprucht. Je nach Typ wird es entweder aufbegehren, die Aufgaben unwillig und schlampig durchführen oder immer langsamer werden und sich verdrükken. Wir haben Familien beobachtet, in denen sich die Kinder so viel wie möglich außer Haus bewegen, denn jedesmal, wenn Mutter oder Vater eins erspäht, heißt es: ‚Ach, komm doch mal. Kannst du nicht mal schnell dies erledigen …' Oder: ‚Paß mal auf deine kleine Schwester auf!' ‚Kauf mal schnell das ein!' Eltern, besonders wenn sie so richtige ‚Schaffertypen' sind, merken noch nicht einmal, daß sie damit ihre Kinder überfordern und sie sich entfremden …

Wir haben eine große Familie und ein großes Grundstück zu verwalten. Die Arbeit hört nie auf. Auf keinen Fall möchten wir in diese ‚Erwartungsfalle' geraten, womöglich in dem Ausmaß, daß sich unsere Kinder verdrücken, wenn Papa oder Mama nahen, weil es dann nach Arbeit ‚riecht'. So haben wir in unserer Familienrunde klare Abmachungen getroffen. Zu den schon genannten regelmäßigen Hausarbeiten kommt noch ein wöchentlicher Arbeitsnachmittag für gut zwei Stunden, an dem der Hof gefegt oder Laub geharkt wird, dem Unkraut zuleibe gegangen, ein gründlicher Hausputz gemacht wird oder was sonst der Familienalltag erfordert. Nun gut, darüber hinaus gibt es immer noch einige kleine, spontane Aufgaben – aber damit hat es sich. Der Rahmen der elterlichen Erwartungen ist klar abgesteckt. Die Kinder wissen, was sie zu tun haben.

Damit ist noch nicht alles erledigt. So schreibt Eberhard weitere Arbeiten aus und bezahlt sie. Das sind außergewöhnliche Leistungen, und wenn ein Kind bereit ist, seine Freizeit zusätzlich zu opfern, soll es dafür entschädigt werden. Da bei uns immer irgend jemand Geld braucht oder für etwas spart, haben wir keine Probleme, einen freiwilligen Arbeiter zu finden.

Das kann dann so aussehen: ‚Hört mal, unser Auto hat wieder eine gründliche Wäsche nötig. Ich kann durch die Waschstraße fahre, jemand von euch kann es aber auch waschen. Wenn es genauso gut wird, kann er die acht Mark, die ich ohnehin ausgeben müßte, einstecken.'

Oder wir sind an unserem Arbeitsnachmittag nicht mit dem Unkrautrupfen fertig geworden: ‚Guckt mal, zwei Beete fehlen noch. Wenn sich jemand für die erbarmt, kann er sich fünf Mark verdienen.' ...

Allerdings sollte für das Geld ordentlich gearbeitet werden. Du solltest kein ‚Auge zudrücken', wenn bei der Arbeit geschludert wird. Das wäre keine Erziehung zu einem guten Arbeitsverhalten. Eberhard sagt: ‚Arbeitest du so tüchtig wie ein Erwachsener, dann sollst du auch so bezahlt werden.'

Nimmst du dir die Zeit, mit den Kindern zusammenzuarbeiten, kann es große Freude machen. Die Kinder lernen viel handwerkliches Geschick, und die Familienbande werden noch enger geknüpft. Wir staunen manchmal über die eigenständigen Fertigkeiten unserer jetzt jugendlichen Jungen. Von ihnen kann sich manch ein Hobby-Handwerker einiges abschauen. Dies haben sie dadurch gelernt, daß sie schon als kleine Kerle mit Eberhard zusammen gewerkelt und repariert haben. Dieses Geschick werden sie in ihrem ganzen Leben gut einsetzen können" (E. Mühlan, „Papa, ...", S. 64-67).

ZUM NACHDENKEN UND DISKUTIEREN

Jetzt gibt es für dich und deinen Ehepartner wirklich etwas zum Nachdenken und Diskutieren!

Nachdem wir unsere Erfahrungen und unsere Regeln zu den klassischen Reibungspunkten in einer Familie aufgezählt haben, mußt du dir deine Familie vornehmen. Wie willst du es halten? Was kannst du übernehmen?

Aufgabe: Blättere die Seiten des Kapitels zu den Familienregeln noch einmal durch, und schreibe zu den genannten Bereichen die Regeln auf, die für deine Familie gelten sollen:

- für das Ordnunghalten,
- für die Essensgewohnheiten,
- für das Schlafengehen,
- für Schule und Hausaufgaben,
- für eine sinnvolle Freizeitgestaltung,
- für die Taschengeldverwaltung und
- für das Mithelfen in der Familie.

- Eine wirkungsvolle Regel ist *klar definiert*, sie ist *altersgemäß* und für das Kind *verständlich*, und ihre Einhaltung muß *überwacht* werden!

Aufgabe: Geh deine „Familienregeln" anhand folgender Fragen noch einmal durch, und ändere sie, beziehungsweise streiche sie ganz:

– Kannst du die Regel noch klarer und präziser formulieren?
– Ist die Regel zum Nutzen deines Kindes oder nur zu deiner Bequemlichkeit?
– Entspricht sie den Fähigkeiten und der Altersstufe des Kindes?
– Wird das Kind durch deine Erwartung eventuell überfordert und entmutigt?
– Neigst du dazu, zu viele Regeln aufzustellen?
– Bist du wirklich bereit und in der Lage, sie durchzusetzen und zu überwachen?

Ein guter Ansporn

Wir nehmen an, daß du jetzt schon viel sicherer darin bist, Familienregeln aufzustellen und durchzuführen. Vielleicht bist du regelrecht begeistert. Dann verfalle bitte nicht in einen „Familienregel-Rausch"!

Wir sind manchmal entsetzt, wie unsere Ratschläge aufgefaßt und umgesetzt werden. Vergiß nicht, das Prinzip lautet: Nur so viel Regeln wie unbedingt nötig! Denn du mußt sie ja auch überwachen! Bring dich und dein Kind nicht in unnötige Schwierigkeiten.

Dir wird schon aufgefallen sein, daß deine Kinder sehr unterschiedlich sind und du je nach Alter, Temperament und Persönlichkeitszügen andere Schwerpunkte setzen mußt. Manche Kinder brauchen kaum Regeln, weil sie sich von ihrem Typ her sehr kooperativ zeigen, bei anderen fragst du dich, ob Regeln überhaupt etwas ändern werden …

Bei vielen Kindern wird es nicht ausreichen, lediglich die Familienregeln zu nennen, und dann werden sie befolgt. Sie brauchen einen Ansporn und auch eine Kontrolle, um sie einzuhalten.

Die Listen, die wir vorstellen möchten, sind eine gute Hilfe, das erwünschte Verhalten gründlich einzuüben und Kinder für ihre Mühe gleichzeitig zu belohnen. Man kann solche Schaubilder recht kompliziert und umfassend gestalten – mit dem

Erfolg, daß Eltern sie nach einiger Zeit mutlos zur Seite legen. Unsere haben wir an vielen Kindern über Jahre erprobt. So eine Liste muß möglichst übersichtlich, einfach und schnell abzuhaken sein.

Wir arbeiten mit zwei verschiedenen Listen: eine für die Vorschüler (vier und fünf Jahre) und eine für Schüler (ab sechs Jahre).

Ein Vorschulkind muß zunächst einmal lernen, Verantwortung für seinen eigenen kleinen Lebensraum zu tragen. Das heißt:

- selbst ans Waschen und Zähneputzen zu denken,
- die Spielecke zunächst mit Hilfe der Eltern, später aber allein aufzuräumen,
- Kleidungsstücke an einen dafür vorgesehenen Platz zu legen,
- ohne viel Theater zu essen und
- das Nuckeln einzustellen.

Name: Esther 4 Jahre	Meine täglichen Aufgaben						
	Mo	Di	Mi	Do	Fr	Sa	So
Ich habe mich gewaschen und meine Zähne geputzt							
Ich habe meine Spielecke aufgeräumt							
Ich habe meine Sachen in die Wäschekiste getan							
Ich habe mein Essen ohne Ermahnung aufgegessen							
Ich habe fast gar nicht genuckelt							

Dazu haben wir eine Wochenliste entworfen, in der unsere Erwartungen aufgeführt sind – durch kleine Zeichnungen illustriert, denn das Kind kann ja noch nicht lesen. Wie gesagt, es geht in diesem Alter darum, daß das Kind lernt, für sich selbst zu sorgen, und noch nicht um Aufgaben für die Familie.

Kopiere dir einen Stoß von der Vorlage im Anhang, und skizziere die Erwartungen, die du jetzt für notwendig hältst. Es mögen noch einige hinzukommen, vielleicht:

– Ich habe meine Geschwister nicht geärgert.
– Mein Kettcar steht in der Garage.
– Die Schuhe sind im Schuhfach.

Abends vor dem Schlafengehen flitzte unsere Esther meistens von selbst zu dem Zettel. „Mama, ich habe mich wirklich gewaschen und mir die Zähne geputzt. Du, riech mal ...“ „Hmm, das duftet ja!“ Feld für Feld wurde mit einem dicken Stift ausgemalt, und wenn alles ausgefüllt war, lag am nächsten Morgen eine kleine Belohnung am Frühstückstisch – als Erinnerung, den neuen Tag genauso großartig zu gestalten wie den letzten. Aber gib bitte nicht nur materielle Belohnungen, sondern lobe und ermutige dein Kind darüber hinaus tüchtig mit Worten.

Hältst du das einige Monate durch, wirst du feststellen, daß diese Erwartungen bei deinem Kind zu einer festen Gewohnheit geführt haben – und das auf positive Weise, ohne Schimpfen und Drohen. Bei vielen Kindern kann man dann ruhig eine Weile mit der Liste aussetzen, und einige Zeit später, vielleicht mit neuen Erwartungen, eine Fortsetzung machen.

Bei der Liste für die Schulkinder geht es um tägliche Aufgaben und um solche, die an festgelegten Tagen zu erledigen sind. Auch dazu gibt es eine Kopiervorlage im Anhang. Einige Kinder benötigen nur wenige Angaben, andere dagegen wären ohne diesen Ansporn und diese Kontrolle zu träge oder zu vergeßlich, ihre Aufgaben zu erledigen.

In solch einem Fall ist eine Liste unbedingt notwendig. Sie kann dir eine Menge Aufregung ersparen und dich vorm Schimpfen bewahren. Denn was machst du, wenn sich in deiner Familie ein unbekümmerter „Springinsfeld“ befindet, der seine Ohren ständig auf Durchzug stellt? Deine Worte verhallen im Nichts.

Manche Eltern geben mit einem schlechten Gewissen auf, andere rasten aus. Es gibt Mütter, die nörgeln, drohen und schimpfen und damit die Familienatmosphäre verpesten. Sie bringen aber nicht die persönliche Disziplin auf, solch eine Aufstellung ruhig und sachlich einzuführen und ohne viele Worte eisern darüber zu wachen, daß die einzelnen Punkte eingehalten werden.

Auch wenn dich die Überwachung einer Liste stark fordert – ihr großer Vorteil ist, daß sie dich vor Erregung und Gepoltere bewahrt. Und mit den Monaten wird auch dein „schwieriges" Kind lernen, sich in die Familiengepflogenheiten einzupassen.

Notiere deine Erwartungen ganz auf die Vergeßlichkeit beziehungsweise Unwilligkeit des einzelnen Kindes zugeschnitten. Bitte, denke daran, nicht nur die schwierigsten Lektionen des Lebens aufzuführen, sondern zum Ausgleich auch einige Aufgaben, die dem Kind ohnehin leicht fallen; sie sollten etwa ein Viertel aller Punkte umfassen.

Mein Wochenplan

Name: Mirke	2-8.9.	9-15.9.	16-22.9.	23-29.9.		
Ich habe mein Zimmer aufgeräumt	I					
Meine Wäsche ist eingeräumt						
Ich bin pünktlich schlafen gegangen		I				
Die Katze ist versorgt	II					
Die Blumen sind gegossen	MI SA					
Ich habe meine Arbeitszeit eingehalten	FR					

Und wenn ein Kind nun wirklich regelmäßig versäumt, sein Fahrrad abends einzustellen, dann setz diesen Punkt auf die Liste, und erspare dir das ewige Geschimpfe. Das gleiche gilt für das tägliche Klavierspielen oder das pünktliche Schlafengehen zur abgesprochenen Zeit.

Wahrscheinlich wirst du auf einige der aufgelisteten Punkte kommen:

Täglich:
- Ich habe mein Zimmer aufgeräumt.
- Meine Wäsche ist eingeräumt.
- Schultasche und Mappen sind ordentlich.
- Ich bin pünktlich schlafen gegangen.
- Ich habe Klavier gespielt.
- Das Kaninchen (der Hund, die Katze) ist versorgt.
- Das Fahrrad ist in der Garage.

An festgelegten Tagen:
- Die Blumen sind gegossen (Mittwoch / Samstag).
- Der Küchendienst ist gemacht (Montag / Donnerstag).
- Ich habe meine Schuhe geputzt (Samstag).
- Ich habe meine Arbeitszeit eingehalten (Freitag).

Wie kannst du auf die Einhaltung der vorgegebenen Regeln achten, ohne daß es zu mühsam wird? Claudia hat sich ein gutes System erarbeitet, denn immerhin hat sie täglich fünf bis sechs Listen zu begutachten.

Die Zettel hängen gut sichtbar über den Schreibtischen der Kinder, so daß sie immer vor Augen haben, was von ihnen erwartet wird, und Claudia die Listen nicht jedesmal suchen muß. Während sie vormittags die Zimmer saugt, denkt sie kurz den vergangenen Tag durch oder kontrolliert flink, ob die Aufgaben wirklich erfüllt worden sind, und macht in der jeweiligen Wochenspalte ihre Eintragung, das heißt, Striche für die Dinge, die nicht erledigt worden sind. Gibt es zum Beispiel sechs bis acht Regeln auf einer Liste, darf es pro Woche nicht mehr als zwei bis drei Striche geben.

Denn dann folgt eine Konsequenz: eine Zusatzarbeit, die möglichst mit den begangenen Versäumnissen in Zusammenhang stehen sollte. Es ist auch schon vorgekommen, daß jemand sich bei vier Strichen gesagt hat: „Jetzt ist doch alles egal. Diese Woche tu ich überhaupt nichts mehr." Dann mußten wir ein ernstes Wörtchen reden, klarstellen, daß das Ganze keine Spielerei ist und die Konsequenz in diesem Fall noch härter ausfallen würde.

Wenn in einer Woche nichts zu beanstanden ist, geben wir einen Zuschuß zum Taschengeld der nächsten Woche. Bei einem Taschengeld von drei Mark die Woche etwa eine Mark, also circa ein Drittel der Summe, damit es sich lohnt, sich anzustrengen. Bei einem Strich halt den halben Betrag. Wenn dir eine Geldvergütung nicht so behagt, kannst du dir gern einen anderen Ansporn ausdenken.

Claudia läßt allerdings auch Nachsicht walten. Klagt die Ines: „Mama, ich habe das Bad heute einfach nicht geschafft, aber morgen früh gehe ich gleich ran", dann gibt es natürlich keinen Strich. Du solltest dir immer die Gründe der Kinder anhören.

Claudia hat auch stets einen kleinen Block mit einem Stift in der Tasche. Fällt ihr etwas auf oder ein, macht sie sich eine kurze Notiz, wie: „Esther: Zimmer gründlich aufräumen. Nico: trockene Blumen rausschmeißen. Mirke: Puppenecke durchsortieren." Diese Dinge spricht sie dann mittags mit den Kindern durch.

Oder sie legt ihnen gleich einen Erinnerungszettel auf den Tisch. „Hast du deine Sandalen schon vermißt? Sie liegen draußen im Garten." „Deine Blumen sehen aber durstig aus!" Oder: „Bitte auf dem Bücherregal Staub wischen!" Wird es dann trotzdem nicht erledigt, kommt allerdings ein Strich auf die Liste. Bei einem durch und durch vergeßlichen Mädchen hat Claudia beständig mit humorvollen Briefchen gearbeitet und mit der Zeit tatsächlich Fortschritte erlangt.

Da dir die Listen ohnehin eine Menge an Aufregung und Schimpfen ersparen, sollte es dir leichter fallen, mit Gelassenheit und Humor zu reagieren. Wache bloß nicht verbissen und pingelig über den Listen!

Eine Mutter klagte bei Eberhard über ihren siebenjährigen Sohn, der bei seinem Küchendienst regelmäßig etwas liegenläßt: „... und jedesmal gebe ich ihm einen Strich, aber es ändert sich nichts!" Ganz abgesehen davon, daß der Junge mit seinen sieben Jahren Schritt für Schritt in seine Aufgaben eingeführt werden muß, kann man das doch lockerer handhaben. Eberhards Ratschlag: „Stell dich das nächste Mal in die Küche und sag: ‚Ich sehe was, was du nicht siehst …‘ Er wird garantiert herausfinden, was er vergessen hat, das Spiel wird ihm Freude machen und helfen, gründlicher zu werden, und du kannst dir vor allem den dicken Strich ersparen."

Du hast es nicht in der Hand

Bei all den Erziehungsratschlägen, die wir dir bisher mitgegeben haben, könntest du irrtümlicherweise den Eindruck gewinnen, das zukünftige Verhalten deines Kindes läge hauptsächlich in deiner Hand. Wenn du ein gutes Familienfundament baust und dein Kind erstklassig unterweist und trainierst, dann muß es doch eine großartige Persönlichkeit werden!

Viele Eltern und Erzieher gehen von dieser Philosophie aus: Eine rundum günstige Kindheitsgeschichte wird logischerweise zu einer harmonischen, ausgeglichenen und lebenstüchtigen Persönlichkeit des Kindes führen. Christen fügen noch hinzu: und auch einen gläubigen Menschen schaffen.

Dem müssen wir energisch widersprechen. Erziehung ist keine „Einbahnstraße". Die Persönlichkeitsstruktur eines Kindes wird nicht allein durch Eltern und Umwelteinflüsse festgelegt.

Vertreter der Lerntheorien des Behaviorismus und der Traumatheorie der Psychoanalyse neigen zwar in diese Richtung, jedoch wird dabei übersehen, daß das Kind einen eigenen Willen hat und selbst eine ganz aktive Rolle in seiner Entwicklung spielt. Es steht ständig in einer Interaktion (Wechselbeziehung) zu den Eltern und den Umwelteinflüssen. Die gesamte Kindheit hindurch findet eine gegenseitige Beeinflussung zwischen kindlichem und elterlichem Verhalten und den verschiedensten Lebensumständen statt.

Zu diesem Wechselspiel trägt selbstverständlich die Art des kindlichen Temperaments entscheidend bei. Manche Kinder geben sich leichter und kooperativer in ein Familienleben ein, andere schwerer und eigenwilliger.

Auch Eltern stellen sich unterschiedlich geschickt an. Sie müssen das kindliche Temperament richtig einschätzen, ihren eigenen Lebensstil darauf abstimmen und in ihren Erwartungen ausgewogen bleiben. Dann werden sie eine gute Qualität im Zusammenleben erreichen.

Stößt man auf eigensinnige, rebellierende Kinder, wird oft übersehen, daß Umweltbedingungen einen machtvollen Einfluß ausüben. Da kann man eine nahezu endlose Liste aufführen: die Geschwister, die Verwandten, der Kindergarten, die Schule, die Clique, die Kirchengemeinde, der Wohnraum, die Spielmöglichkeiten, die Medien (wie Fernsehen, Musik, Zeitschriften) usw.

Selbst Kinder aus einem harmonischen Elternhaus mögen sich für einige Zeit eigenwillig entscheiden, lieber den Regeln ihrer Clique als denen ihrer Familie zu folgen.

Eltern sind dann total zerstört und fragen sich unablässig: „Was haben wir nur falsch gemacht?" Andere zeigen mit Fingern auf sie und sagen: „Hättet ihr nur …"

Wir möchten mit zwei „Erziehungslügen", die in den Köpfen vieler Eltern herumspuken, aufräumen. Erstens: „Eltern üben den größten oder gar einzigen Einfluß auf ihre Kinder aus."

Und zweitens: „Eltern tragen alle Verantwortung für mißratene Kinder."

Besinne dich auf realistische Erziehungsziele! Du könntest sonst zu sehr enttäuscht und dein Leben zerstört werden, weil sich deine Träume nicht erfüllen. Es gibt keine Garantie dafür, daß Kinder nicht eigenwillige Wege gehen oder rebellieren!

Allerdings kannst du gute Voraussetzungen schaffen, so daß sich dein Kind entscheidet, einen aufrichtigen Weg zu gehen – selbst, wenn es zwischendurch stürmische Phasen geben sollte. Du kannst es ihm leichtmachen, Gott als liebevollen Vater zu akzeptieren und nach seinem Willen zu fragen.

Durch deine Erziehung stattest du dein Kind mit einer Ausrüstung aus, nämlich mit *Werkzeugen des Denkens und Handelns*, mit denen der Jugendliche einmal sein Leben eigenständig bauen wird.

Schauen wir auf unsere Kinder, dann hat dieses Bild von den „Werkzeugen" für uns eine tiefe Bedeutung. Es sagt uns: Eltern legen durch ihre Erziehung den zukünftigen Lebensweg eines Kindes nicht fest. Es bleibt eine eigenständige Persönlichkeit.

Diese „Ohnmacht" sollte Eltern viel stärker zum Gebet veranlassen, damit Gott zu dem Kinderherz sprechen und es leiten kann. Erziehungsarbeit ist auch „Kniearbeit"! Es ist ein geistlicher Kampf, der im Gebet auf den Knien durchgestanden werden muß.

Aber Eltern leisten im Familienalltag etwas Entscheidendes, sie geben dem Kind nämlich Werkzeuge zur eigenen Lebensgestaltung mit: durch ihr Vorbild und ihre Belehrung Hilfen zum eigenen *Denken* und durch das Zusammenarbeiten und Trainieren Hilfen zum eigenständigen *Handeln*.

Nur gute Werkzeuge werden es dem Kind möglich machen, als Jugendlicher verantwortungsbewußt zu leben. Dein und unser Ziel ist es doch, ihnen die bestmöglichen „Werkzeuge" in die Hände zu geben. Das ist *unsere* Verantwortung! Alles weitere müssen wir dem Kind und Gottes Handeln überlassen.

Teil III
Begleite dein Kind mit Konsequenz und Disziplin

Das Bild vom „Familienhaus" begleitet dich durch das ganze Buch. Stück für Stück haben wir es mit dir aufgebaut.

In ein Haus ohne Dach regnet es herein. Was nützt die wunderbare Ausgestaltung des Wohngeschosses, wenn es schließlich doch durch Feuchtigkeit und Witterung verrottet.

So ähnlich ist es mit dem Familienleben: Was nützen die bestdurchdachten Regeln und Absprachen, wenn sich hinterher keiner daran hält und die Eltern nicht wissen, wie sie deren Befolgung durchsetzen sollen?

Kindererziehung kann Spaß machen. Es gibt kaum etwas Schöneres, als mit einem guten Einverständnis zusammenzuleben und zu beobachten, wie die Kinder reifen und wachsen.

Aber es gibt auch andere Erfahrungen: Streit und Gefechte unter den Geschwistern, Widerwille, Ungehorsam, Rebellion, Lügen, Stehlen und die Mißachtung von Regeln, die vorher klar abgesprochen waren ...

Solche Konfrontationen hast du niemals gesucht oder dir ausgemalt, als du dein Baby überglücklich im Arm hieltest und von einer Familienidylle träumtest.

„Wie kann es nur so weit kommen? Ist es nicht möglich, konfliktfrei zusammenzuleben, zum Beispiel, wenn man all die Tips zur Familienatmosphäre, zur Belehrung und zu Regeln befolgt?"

Laß uns realistisch bleiben! Mit allem bisher Gesagten schaffst du eine großartige Grundlage – eine Garantie für ein ständig harmonisches Familienleben erhältst du damit allerdings nicht.

Ein realistisches Menschenbild

Der Grund ist einfach darin zu finden, daß ein Mensch nicht rein und unschuldig zur Welt kommt und sich erst danach, je nach Erziehungseinflüssen, zum Guten oder Schlechten hin entwickelt. Nein, jeder beginnt mit einer unguten Hypothek. In jedem steckt ein Hang zum Bösen und zur Macht über andere. Das ist ein realistisches Menschenbild!

So beschreibt es auch die Bibel. Schlag nur einmal Psalm 51,7 nach oder lies Römer 7, 18-19: „Denn ich weiß, daß in mir, das ist in meinem Fleisch, nichts Gutes wohnt; denn das Wollen ist bei mir vorhanden, aber das Vollbringen des Guten nicht. Denn das Gute, das ich will, übe ich nicht aus, sondern das Böse, das ich nicht will, das tue ich."

Dieser Kampf zwischen Gutem und Bösem spielt sich in jedem Menschen ab, egal welchen Alters, und kann letztlich nur durch die Erlösung durch Jesus Christus und seine Hilfe siegreich bestanden werden.

Alle Eltern machen Fehler und müssen noch viel lernen, aber ebenso folgendes wissen: In ihren Kindern ist ein schmerzlicher Zwiespalt zwischen *Zuneigung* und *Selbstsucht*, genau so, wie es in der Bibel beschrieben ist. Sie wissen, was richtig ist, wollen es sicherlich auch tun, bringen es aber doch nicht fertig.

Wir behaupten sogar: Selbst, wenn Eltern alles richtig machen, kann ein Kind ganz ohne Anlaß ungezogen sein – einfach so, weil das menschliche Herz böse ist.

Diese Zusammenhänge wollen viele moderne Erziehungsberater nicht sehen. Die gegenwärtigen Erziehungstheorien erklären Verhalten auf der Grundlage umweltbedingter Konditionierung, mit anderen Worten: kindliches Verhalten sei das Produkt der Umwelteinflüsse. Damit berufen sie sich auf alte humanistische Thesen, auf den Glauben

– an das Gute in der menschlichen Natur und
– an die Machbarkeit der menschlichen Persönlichkeit.

Dieses humanistische Menschenbild steht in einem krassen Widerspruch zu dem biblischen, von dem wir meinen, daß es das realistische ist, und auf das wir uns mit unseren Ratschlägen berufen.

Die nichtchristlichen Philosophen und Ideologen aller Zeiten sind stets von einem zu optimistischen Menschenbild ausgegangen. Der Mensch ist weder gut noch machbar! Er befindet sich vielmehr in einem Zustand konstanter innerer Spannungen:

- Obwohl im Bilde Gottes geschaffen, steht er doch im Machtbereich der Sünde und hat in sich einen Hang, Böses zu tun.
- Sein Verhalten ist nicht das Ergebnis verschiedener Umwelteinflüsse, er ist vielmehr ein aktives Wesen mit der Fähigkeit, eigene Entscheidungen zu treffen.

Spätestens jetzt, wenn wir über Konsequenz und Disziplin sprechen, mußt du dir Gedanken machen, welchem Menschenbild du in deiner Erziehungsstrategie folgen willst, denn: dein Menschenbild wird konsequenterweise deinen Erziehungsstil prägen!

Mit unseren Ratschlägen zur Familienatmosphäre, zu Belehrung und Familienregeln werden sicherlich viele säkulare Erziehungsberater übereinstimmen, aber den Gedanken zur Disziplinierung werden sie nicht mehr folgen wollen.

Wenn ein Kind sich bockig und rebellisch verhält, und du fragst sie, wer daran schuld sei, werden sie auf Eltern und Umwelteinflüsse verweisen. An dem Kind kann es nicht liegen: es ist von Natur aus gut und durch die äußeren Einflüsse so geworden, wie es ist! Eine fatale Schlußfolgerung. Dementsprechend werden Ratschläge zur Disziplinierung von Kindern recht dürftig aussehen und kaum über natürliche und logische Konsequenzen hinausgehen.

Nun wollen wir die Fehler von Eltern nicht verharmlosen. Eltern begehen viele Fehler. Aber diese allein begründen das Verhalten von Kindern nicht.

Folgst du dem biblischen Menschenbild, und akzeptierst du, daß der Mensch ein aktives Wesen mit positiven wie negativen

Antrieben ist, folgt daraus zweierlei: Es ist doch nur logisch, dem Kind zunächst einmal sehr viel Liebe und Geborgenheit zu schenken, damit es mit seinem inneren Konflikt zur Ruhe kommen kann. Genauso einsichtig ist dann, daß es belehrt und in dem, was gut ist, geschult werden muß. Verstehst du jetzt besser, warum die Bibel so sehr betont, ein Kind zu unterweisen und dann zu trainieren, auf dem rechten Weg zu gehen? Und auch Grenzen zu setzen und das Kind mit liebevoller Konsequenz und Disziplin zu begleiten wirst du dann akzeptieren können. Du siehst, das „Familienhaus" ist eine konsequente Ableitung des biblischen Menschenbildes.

Wann sollen Eltern disziplinieren?

Alle Kinder werden hin und wieder Ungehorsam zeigen. Bleib gelassen, und lerne damit umzugehen. An der Stelle, an der andere Erziehungsbücher aufhören, wollen wir weitermachen und mit dir ein Aktionsmuster erarbeiten, mit dem du dein Kind, wenn es nötig ist, konsequent, aber liebevoll disziplinieren kannst.

„Konsequent sein" heißt beharrlich auf ein Ziel zusteuern. Das trifft auf dich zu: du hast vernünftige Erziehungsziele gesteckt und gehst beharrlich auf sie zu.

„Disziplin" bedeutet „Gehorsam", „Zucht" und „Ordnung". Wir haben schon erläutert, daß für „Zucht" im griechischen Urtext das Wort *paideuein* steht, auf deutsch „zurechtweisen", „zurechtleiten" und „anleiten". Wenn die Bibel von „züchtigen" beziehungsweise disziplinieren spricht, dann handelt es sich also, wie weiter vorne schon gesagt, nicht in erster Linie um Schläge, sondern um ein pädagogisch begründetes, korrigierendes Eingreifen. Vergiß zunächst einmal alles, was du über körperliche Züchtigung gehört und gelesen hast. Es gibt viele Möglichkeiten der Disziplinierung, Schläge machen nur einen ganz kleinen Teil aus.

Wann sollten Eltern konsequent sein und Disziplin anwenden? Zum Beispiel:

- *Wenn ein Kind unwillig ist, neue Verhaltensweisen zu lernen.*
  Nehmen wir an, es kann sich mit fünf Jahren wirklich allein anziehen, aber nein, es streckt alle Viere von sich und denkt: „Mama, mach du!"
- *Wenn es eine Familienregel nicht einhält oder gegen sie verstößt.*
  Ihr habt abgesprochen, daß jeden Dienstag und Freitag Küchendienst gemacht wird, und dein Junge erscheint einfach nicht zum Tischdecken ...
- *Wenn deine Autorität herausgefordert wird und sich dein Kind respektlos und rebellisch aufführt.*

Es wirft dir Schimpfwörter an den Kopf und tut genau das Gegenteil von dem, was du gerade gesagt hast.

Das sind drei typische Situationen aus einem Familienalltag. Was tun?

Nun, zunächst einmal solltest du dich bemühen, alle deine Erwartungen an das Kind positiv zu formulieren. Humor und Freundlichkeit bewirken bei jedem Menschen mehr Willigkeit als Kommandos und barsche Worte – ganz nach dem Sprichwort: „Wie es in den Wald hineinschallt, so schallt es heraus!"

Kannst du dich darin nicht auch noch ein wenig steigern?

Denk noch einmal an unsere Ratschläge zu Ermutigungen und Belohnungen zurück. Vielleicht solltest du bei deinem Fünfjährigen doch die „Ich-hab's-geschafft-Liste" einsetzen, anstatt ständig zu schimpfen und ihn ruppig anzutreiben. Auch auf Einsicht zu plädieren kann motivieren: „Komm, wenn du deine Aufgaben gleich erledigst, ist es geschafft, und du bekommst keinen Ärger!"

Eine Botschaft an uns Eltern

Wenn ein Kind darauf nicht eingeht, frag dich, ob deine Anforderungen angemessen sind. Wir haben gelernt, daß bei jeder Unwilligkeit oder jedem Fehlverhalten eines Kindes auch eine Botschaft an uns Eltern dabei ist.

Wenn du dich selbst hinterfragst, kann dich das vor einer herzlosen Wenn-dann-Haltung bewahren. Deine erste Reaktion sollte niemals sein: „Wie bring ich das Kind zum Gehorsam?", sondern „Was fehlt dem Kind? Warum verhält es sich so?"

Einiges an Fehlverhalten deiner Kinder kannst du dir nämlich selbst zuschreiben oder durch eine umsichtige Haltung vermeiden.

Zum Beispiel folgende Szene, die Eberhard bei einem Besuch miterlebt hat: Der Vater unterhält sich am Abendbrottisch intensiv mit Eberhard und schmiert dabei seinem Vierjährigen das Brot. „Was willst du drauf haben?" fragt er, und zerstreut, ohne auf den Wunsch des Jungen zu achten, legt er eine Scheibe Käse drauf. „Ich will aber Leberwurst", heult dieser auf. „Iß das jetzt, sonst gehst du in die Küche", erwidert der Vater scharf und schickt ihn, weil er weiter protestiert, tatsächlich fort.

Ähnliche Mißverständnisse vollziehen sich laufend. Deswegen geben wir dir eine kleine Checkliste mit:

– *Habe ich mich richtig und klar genug ausgedrückt?*
Es ist doch wohl ein Unterschied, ob ein Kind etwas vorsätzlich nicht ausführt oder weil es dich nicht richtig verstanden hat. Willst du also sichergehen, richtig verstanden zu werden, dann schau dir noch einmal den Abschnitt „Sich klar verständigen" (S. 138) an.

Hat Eberhard etwas wirklich Wichtiges weiterzugeben, dann geht er in die Knie, sucht den Augenkontakt und läßt seine Botschaft noch einmal wiederholen. Wird sie dann nicht ausgeführt, ist er sicher, daß kein bloßes Mißverständnis vorliegt, und kann seine Konsequenz entsprechend dosieren.

– *Ist meine Forderung gerechtfertigt? Bin ich zu pingelig oder gesetzlich?*

An diesem Punkt müssen wir viel mit Eltern arbeiten. Engstirnigkeit oder Prinzipienreiterei bewirken bei Kindern verständliche negative Gegenreaktionen. Bitte, schule dich, großzügig zu sein! Bevor du „nein" sagst, frag dich dreimal: „Warum eigentlich?" Dann erkennst du eventuell bei dir eine falsche Haltung.

Warum sollen die Kinder jetzt aufräumen und etwas anderes spielen? Vielleicht, weil dich der Spiellärm nervt? Warum erlaubst du deinem Kleinen nicht, nach draußen zu gehen? Vielleicht, weil du keine Lust hast, ihn wieder in den Spielanzug zu prummeln?

– *Ist das Kind altersgemäß überfordert? Erwarte ich zuviel?*

Das passiert jungen Eltern leicht, wenn es ums Ordnunghalten, Stillsitzen oder Mithelfen geht. Und daß ein zu stark reglementiertes Kind aufmüpft, siehst du doch wohl ein? Wenn es immer wieder protestiert oder unwillig mault, frag dich, ob du nicht doch unbarmherzig Dinge erwartest, denen es erst in einem späteren Alter nachkommen kann.

– *Liegen körperliche Ursachen vor?*

Genauso, wie du als Erwachsener nicht voll leistungsfähig bist, wenn du zuwenig Schlaf gehabt hast oder dich körperlich nicht wohl fühlst, mußt du dies auch bei deinen Kindern berücksichtigen. Wenn dein Kind am Montagvormittag knörig und streitsüchtig durch die Wohnung schleicht, weil du es am Wochenende durch die ganze Verwandtschaft geschleppt hast – wobei es viel zuwenig Spielmöglichkeiten und Schlaf hatte –, ist es letztlich deine Schuld, daß es sich jetzt so unmöglich benimmt. Also, laß Barmherzigkeit walten, und erwarte nicht zuviel von ihm!

Manchmal bahnen sich Krankheiten schon Tage vorher an, ohne daß du äußere Anzeichen siehst. Da sitzt deine Tochter lustlos vor dem Essen oder brütet stundenlang über den Schularbeiten und ist auch sonst zu nichts zu bewegen. Jetzt sind Vorhaltungen oder Strenge falsch am Platz. Nimm sie auf den Schoß, bemuttere sie, und gönn ihr eine Ruhepause.

– *Ist das Kind emotional ausgeglichen?*
Verhalten wird zu einem großen Teil durch das emotionale Gleichgewicht gesteuert. Fühlt sich ein Kind geborgen und geliebt, fällt es ihm leichter, sich besser einzupassen. Fühlt es sich dagegen vernachlässigt und ist es unglücklich, wird sich das auch zeigen. Denk an den „emotionalen Tank"! Ist der nicht gefüllt, kommt Streß in den Familienalltag.

Wie sahen die letzten Tage aus? Ein bißchen zu hektisch? Bist du nervöser als normal? Gibt es Mißstimmungen mit deinem Ehepartner? Das wird nicht ohne Einfluß auf dein Kind bleiben! Einerseits reagierst du schärfer als sonst, und andererseits lebt dein Kind in diesem Unbehagen.

Deine Kinder sind genauso emotionalen Schwankungen unterworfen wie du. Gibt dir deine Tochter vielleicht deshalb so muffelige Antworten am Mittagstisch, weil sie in der Schule fürchterlich geärgert und irritiert wurde?

Dann hilft nur eins: aussprechen, wie einem zumute ist, Arbeiten zur Seite legen, und zusehen, daß der „emotionale Tank" wieder aufgefüllt wird.

Jedes Kind ist anders

Kinder reagieren unterschiedlich auf Erwartungen und Regeln in der Familie. Es gibt solche, die sich leicht einfügen, aber auch Kinder, die dazu neigen, immer wieder in Schwierigkeiten zu geraten.

Mit unserer bunt zusammengewürfelten Schar von leiblichen und angenommenen Kindern haben wir die Möglichkeit zu sehr interessanten Studien. Bei einigen Kindern reicht es aus, die Regeln zu nennen und die Konsequenzen lediglich anzudeuten. Mit wenigen Ausnahmen halten sie sich daran, ohne daß es zu Problemen kommt. Dann sind aber auch solche dabei, die schon vom Kleinkindalter an konstant gegen gewisse Regeln verstoßen und beinahe unermüdlich testen, wer der Stärkere sein wird.

Was die Psychologen Chess und Thomas in einer großangelegten Studie erarbeitet haben, können wir im kleinen bestätigen: Kinder sind von Geburt an unterschiedlich. Ihren Temperamenten gemäß können sie – wie Claudia schon in „Bleib ruhig, Mama!" (S. 61-62) dargestellt hat – grob in drei Gruppen eingeteilt werden:

- *Das eigenwillige Kind* zeichnet sich durch häufige negative Reaktionen auf neue Anforderungen aus, durch intensive Stimmungsschwankungen und heftige Wutanfälle, wenn es frustriert wird.
- Zu dem zweiten Persönlichkeitsmuster gehört das *einfache Kind:* Es verhält sich anderen gegenüber freundlich, paßt sich neuen Situationen gut an und entwickelt eine Willigkeit, die Regeln des Lebens zu akzeptieren.
- Zur dritten Kategorie werden die *schüchternen* oder *langsam zu erwärmenden* Kinder gezählt. Sie reagieren auf neue Situationen negativ und passen sich nur langsam an. Sie sind aber weniger hartnäckig als die „eigenwilligen Kinder". Wenn sie durcheinander oder frustriert sind, ziehen sie sich zurück

und reagieren eher regressiv, als daß sie mit Zorn und Rebellion explodieren.

Diese Zuordnung kann dir bei deinen Disziplinierungsmaßnahmen enorm helfen, denn sie müssen dem Temperament eines Kindes angepaßt sein. Ein „eigenwilliges Kind" reagiert aufgrund seiner Wesensart manchmal erst, wenn man härter eingreift, was einem „langsam zu erwärmenden Kind" bereits Angst einjagen und ein „einfaches Kind" total irritieren könnte.

Für ein geselliges Kind könnte zum Beispiel die Isolierung von den Geschwistern genau das richtige sein, um wieder „abzukühlen" – auf ein Kind, das ohnehin gern allein ist, würde das weniger Eindruck machen. Dem würde vielleicht eine Extraarbeit als Konsequenz besser zustehen. Berücksichtige bitte bei den folgenden Vorschlägen, ob sie dem Temperament deines Kindes zugeordnet werden können.

Welche Konsequenzen?

Kinder sind ungehorsam, einfach weil sie Kinder sind – jung und unreif, naiv, vergeßlich oder sorglos. Für diese Art „Ungehorsam" darfst du keine harte Disziplin einsetzen, sondern schlicht und einfach Schulung in der Form, wie wir es in den letzten Kapiteln beschrieben haben.

Wenn ein Kind ungehorsam ist, mußt du also dessen Haltung heraushören: War es Sorglosigkeit, Oberflächlichkeit, Unwilligkeit oder gar Auflehnung?

Für jede Haltung ist eine andere Reaktion von dir erforderlich.

Natürliche Folgen

Bei Unreife, Sorglosigkeit oder Vergeßlichkeit laß dein Kind Verantwortung lernen, indem es die Konsequenzen seines leichtfertigen Verhaltens zu spüren bekommt.

Wenn Eltern „natürliche Folgen" zulassen, heißt dies, daß sie zurücktreten und den Dingen ihren Lauf lassen. Manche nehmen ihren Kindern einfach zuviel ab. Oftmals lernen die Kinder intensiver, wenn sie die Folgen ihrer schlechten Entscheidung auskosten – selbstverständlich nur in einem vertretbaren Rahmen.

Es liegt schon viele Jahre zurück, und wir hatten einen schneereichen Winter. Am Abend guckt Eberhard aus dem Fenster und sagt: „Also, morgen mache ich eine Langlauftour. Wer Lust hat, kann mitkommen."

Die Kinder können kaum den nächsten Tag abwarten. Eifrig werden die Sachen zusammengesucht und die Skier angeschnallt. Nur Chris läuft wie ein Spürhund durch den Garten. Am Abend zuvor hatte er seine Bretter irgendwo auf dem Grundstück liegengelassen. In der Nacht waren etwa zwanzig Zentimeter Schnee gefallen, und er konnte sich beim besten

Willen nicht erinnern, wo er sie hatte fallen lassen; immerhin, es mußten rund zweitausend Quadratmeter abgesucht werden. Da stand er nun mit feuchten Augen und mußte uns ziehen lassen. Claudia verkniff sich jeden Spruch, wie: „Hättest du nur …". Das wäre zu hart gewesen. Die „natürlichen Folgen" auf seine Schlampigkeit wirkten eindringlich genug. Jedes weitere Wort wäre zuviel gewesen.

Stell dir vor, ihr seid im Urlaub am Strand, und dein Kleiner will absolut keine Strandsandalen anziehen. Ehe du ein großes Gezeter anstimmst oder ihn mit Gewalt in die Dinger zwingst, laß ihn kosten, wie heiß der Sand unter den Füßen brennt, und er wird schnell nach den Sandalen fragen.

Es gibt Situationen, da kannst du dir die Worte sparen. Da lehren Umstände, die richtigen Entscheidungen zu treffen und künftig verantwortungsvoller zu handeln. Kinder, die stets beschützt werden, denen jede Unbequemlichkeit des Lebens abgenommen wird, lernen nicht, daß auf Fehlverhalten unangenehme Konsequenzen folgen werden, und sind geneigt, immer anderen die Schuld zu geben.

Logische Konsequenzen

„Natürliche Folgen" haben „eingebaute" Konsequenzen, die von selbst wirken. Du brauchst dich nicht einzuschalten, sondern lediglich gestatten, daß das Kind die Folgen erlebt.

Bei „logischen Konsequenzen" werden die Folgen von den Eltern gesteuert. Sie planen eine negative Konsequenz, die möglichst logisch mit dem begangenen Fehlverhalten in Zusammenhang steht.

Zum Beispiel betätigt sich dein Kind „künstlerisch" und malt die Hauswand mit Kreide voll. Warum viel wettern? Die „logische Konsequenz" besteht darin, das Kind die Spuren selbst abwaschen zu lassen. Diese Konsequenz ist negativ, denn das Abwaschen macht keinen Spaß. Sie bezieht sich auf die begangene Missetat, so daß das Kind einen Zusammenhang zwischen der Strafe und seinem Fehlverhalten sehen kann.

Der Einsatz von logischen Konsequenzen birgt viele Vorteile. Hier sind einige:

- Logische Konsequenzen öffnen die Augen des Kindes für die Spielregeln in einer Gemeinschaft.
- Sie vermindern den Machtkampf zwischen Eltern und Kindern und sind deshalb bei eigenwilligen Kindern besonders hilfreich.
- Sie nehmen Eltern das Schimpfen ab, denn Fehlverhalten kann ohne viele Worte korrigiert werden.

Diese Methode ist bei Kindern ab fünf Jahren am effektivsten. Sind sie bereits im Schulalter, können einige der Konsequenzen gemeinsam beraten werden. Du sagst zum Beispiel: „Hört mal, Kinder, daß ich jeden Tag durch die Zimmer gehe und eure Schmutzwäsche einsammle, halte ich nicht für richtig. Können wir nicht zu der Abmachung kommen, daß jeder sein Zeug selbst an der Waschmaschine abliefert?" „Warum nicht", sagen die Kinder. Dann holst du aus: „Aber was schlagt ihr vor, wenn sich jemand nicht an diese Regelung hält?" Die Kinder werden ganz grausige Strafen nennen, die du dann erst auf ein vernünftiges Maß reduzieren mußt!

Kinder empfinden solche Absprachen als sehr gerecht und fühlen sich bewußt in einen Lernprozeß hineingenommen. Denn in der Regel wollen sie ihren Eltern ja gar nicht das Leben schwermachen, es ist halt ihre Trägheit und Vergeßlichkeit.

Ein weiterer Vorteil für uns Eltern liegt darin, daß das Eintreffen oder Nichteintreffen der Konsequenzen letztlich die eigene Angelegenheit des Kindes ist und nichts mit persönlicher Wertschätzung oder Ablehnung zu tun hat. Es ist nicht Vatis Rache, sondern eine vorher getroffene Vereinbarung, an die sich alle halten wollen. So können der Frieden und die Harmonie in der Familie aufrechterhalten werden, auch wenn hin und wieder Konsequenzen „erlitten" werden müssen.

Logische Konsequenzen richtig einzusetzen ist allerdings eine Kunst, die zunächst einmal erlernt werden muß. Die Mühe mußt du dir machen! Wir haben viele Ehegespräche damit verbracht, die „Untaten" der Kinder aufzulisten und ihnen jeweils „logische Konsequenzen" zuzuordnen, die weder zu leicht noch zu hart sind.

Eins wird dir kaum gelingen, nämlich, dann, wenn du verständlicherweise über ein Verhalten erregt und verärgert bist, dir spontan eine gerechte Konsequenz einfallen zu lassen. Das geht meistens schief.

Zum gedanklichen Einüben wollen wir einige Beispiele aufzählen:

Du hast deinem Jungen schon mehrmals gesagt, daß er sein Fahrrad über Nacht in die Garage stellen soll, aber er tut es einfach nicht. Nach einer weiteren Ankündigung ist es nur logisch, daß er für zwei Tage sein Fahrrad nicht benutzen darf.

Wenn jemand etwas bewußt kaputtmacht oder verschlampt, gilt bei uns die Regel, daß es zumindest zum Teil wieder ersetzt wird. Es gibt Lebenskünstler, die dazu neigen, alles kaputtzukriegen und zu verlieren. Heute fehlt der Turnbeutel, morgen bleiben die Filzstifte in der Schule liegen, Radiergummies werden kleingepult und Bleistifte durchgebrochen. Wird kein Riegel vorgeschoben, kann diese Oberflächlichkeit bei manchen ins Uferlose wuchern.

Es ist für beide Seiten nur logisch, daß ein Kind, das nicht richtig zu Mittag essen will, auch keinen Platz für den Nachtisch im Magen hat. Oder, wenn die Schulleistungen permanent schlecht sind und die Ursache Trägheit und Faulheit ist, dieses Kind für einige Zeit in seiner Freizeit beschnitten wird, um mehr üben zu können.

Eine Familie berichtete uns von ihrer „Montagskiste". Wenn etwas nach einer Aufforderung immer noch nicht weggeräumt wird, kommt es in die Kiste im Kofferraum von Papas Geschäftswagen: die Turnschuhe in der Sandkiste, die Jacke auf der Treppe und was Kinder sonst noch so liegenlassen oder wozu sie zu bequem sind, es einzusammeln, obwohl Mama sie ermahnt hat. Am Montagabend, und nicht eher, wird der Kofferraum aufgeschlossen. „Mama, ich brauche aber unbedingt meine Turnschuhe!" „Tut mir leid, mein Junge, die sind mit Papa auf Geschäftsfahrt."

Du lachst über diese Geschichte. Dem Jungen war sicherlich nicht zum Lachen zumute, und selbst, wenn Muttis Herz weich geworden wäre, sie hätte ihm nicht helfen können. Diese Familie wird das Problem des Herumliegenlassens sicher schnell in den Griff bekommen haben.

Logische Konsequenzen sind für sporadisches Fehlverhalten gut. Zeigt ein Kind in einem Bereich eine ständige Schwäche, setze diesen Punkt lieber für einige Zeit in die „Wochenliste", wie wir sie bei den „Familienregeln" vorgestellt haben, und verschieße nicht zuviel „Einzelmunition".

ZUM NACHDENKEN UND DISKUTIEREN

– *Aufgaben:* Schreib eine Liste mit allen frustrierenden Problemen, die du mit deinen Kindern zur Zeit erlebst.

Geh die einzelnen Punkte durch und entscheide, bei welchem eine logische bzw. eine natürliche Konsequenz passend ist. Mach jeweils ein L oder ein N an den Rand.

Nimm dir vor, bei den Problemen, die durch „natürliche Folgen" zu lösen sind, künftig deinen Mund zu halten, nicht mehr zu zetern, deinem Kind nicht aus der Patsche zu helfen und den Dingen ihren Lauf zu lassen.

Denke in Ruhe über mögliche Konsequenzen für die Probleme nach, die mit einem „L" versehen sind. Notiere Sie, und klopfe sie mit deinem Ehepartner oder einer vertrauten Person auf eventuelle Schwächen und Härten ab. Dann stelle sie deinem Kind vor für den Fall, daß es sich künftig nicht an die Familienregeln halten wird.

Bei ständig wiederkehrenden Problemen überlege, ob du sie nicht in eine „Wochen-Liste" aufnehmen solltest.

Auferlegte Konsequenzen

Was tun bei einem massiven Vertrauensmißbrauch wie Lügen und Stehlen oder einem auffälligen Verhalten wie Aggressivität, Geschwisterrivalität, Respektlosigkeit und Ungehorsam?

Bei diesen Dingen kommt man nicht allein mit Liebe, Verständnis, Reden und logischen Konsequenzen zum Ziel.

Zeigt sich so etwas in deiner Familie, mußt du zunächst dein ganzes „Familienhaus" noch einmal durchdenken: vom Fundament der bedingungslosen Liebe bis zum Dach der Konsequenz. Bei dieser Art Fehlverhalten ist ganz bestimmt eine Botschaft an dich dabei, auch du wirst dein Verhalten dem Kind gegenüber ändern müssen!

Diese Dinge können allerdings auch in einer harmonischen Familie vorkommen, einfach, weil das Kind sich sagt: Ich *will* meinen eigenen Weg gehen!", oder auch, weil es in einer Clique mitgezogen wird. Wir kennen das von einigen unserer angenommenen Kinder und mußten eine Strategie entwickeln, um ihnen wieder auf den rechten Weg zu helfen. Wir wünschen es dir nicht, aber selbst in deiner Familie kann so etwas vorkommen. Dann mußt du wissen, was du zu tun hast.

Was sollen Eltern machen, wenn ein Kind lügt?

Uns hat es geholfen, zwischen zwei Arten von Lügen zu unterscheiden:

- Großtuerei beziehungsweise ein zu flinkes Mundwerk,
- bewußtes und berechnendes Verschweigen der Wahrheit.

Es gibt Kinder, die erzählen die tollsten Geschichten. Bei den Kleinen ist es noch das mangelnde Unterscheidungsvermögen zwischen Realität und Erfindung, bei Älteren oftmals ein mangelndes Wertgefühl und die Sehnsucht nach Anerkennung.

Mach das „Geschichtenerzählen" nicht zum Problem, sondern entlarve das Kind humorvoll: Es soll wissen, daß es dich nicht an der Nase herumführen kann, und dann erfahren, daß Übertreibungen und Lügengeschichten nicht nötig sind, um geliebt und anerkannt zu werden. Du könntest zum Beispiel sagen: „Du brauchst nicht zu übertreiben und großzutun, ich hab dich auch so lieb ..."

Mußt du eingestehen, daß dein Kind tatsächlich zu wenig Anerkennung und Zuwendung bekommen hat, dann such nach Wegen, um das wieder auszugleichen.

Es gibt Kinder – wir meinen solche, die erst sprechen und danach denken –, denen eine Unwahrheit ganz schnell über die Lippen rutscht. „Na, na, denk erst einmal nach!" könntest du solch einem erwidern. Meistens bekommt es dann einen roten Kopf und besinnt sich auf den wahren Sachverhalt. Wir haben auch gelernt, möglichst wenig Fragen zu stellen, die vorschnell mit einem Ja oder Nein beantwortet werden können. Vor dem Essen zu fragen: „Hast du dir deine Hände gewaschen?", könnte verhängnisvoll werden. Claudia hat sich angewöhnt zu sagen: „Geh bitte deine Hände waschen!" Sie empfängt einen gehörigen Protest, wenn es tatsächlich schon geschehen sein sollte.

Schwieriger wird es, wenn ein Kind bewußt die Wahrheit verschweigt. Da bleibt dir nichts anderes übrig, als genaue Nachforschungen zu betreiben. Es ist nicht gut, wenn es ständig mit Lügen durchkommt und seine Eltern betrügt. Hat ein Kind damit häufig Erfolg, kann sich Lügen zu einer Gewohnheit entwickeln.

Wir kennen das: Die Bonbontüte im Vorratsraum ist auf die Hälfte geschrumpft. Da stehen acht Kinder vor dir, ein Gesicht unschuldiger als das andere …

Mehrmals haben wir erlebt, daß Gott uns nach inständigem Gebet geholfen hat, den Schuldigen zu entlarven. Manchmal verhält sich das betreffende Kind bewußt auffällig, als wenn es ausdrücken wollte: „Nun bekommt es doch schon endlich heraus, damit mein Gewissen wieder erleichtert wird."

Frag dich bitte: „Warum leugnet mein Kind so hartnäckig?"

Fürchtet es sich vor einer Blamage beziehungsweise vor der Strafe und Wiedergutmachung, oder hat es sogar Angst vor dir, weil es dich in der Vergangenheit zu streng und unbeherrscht erlebt hat?

Furcht in den ersten zwei Punkten zu haben ist verständlich und heilsam, aber vor dir sollte es nicht zittern dürfen. Das mußt du im Gespräch klarstellen.

Einige unserer Jungs haben im Grundschulalter sehr viel angestellt, und Eberhard hat immer wieder besonnen die Regeln klargestellt: „Hört mal, jeder macht mal Dinge verkehrt, auch Papa. Das gehört zum Lernen im Leben dazu und ist noch nicht das Schlimmste. Aber dieses Lügen! Wenn du dich zu deiner Tat stellst und von dir aus zu mir kommst, um es einzugestehen, dann wirst du einen ganz anderen Vater vorfinden, als wenn ich dich wie ein Kriminalkommissar nach vielem Leugnen entlarven muß."

Bei einer aufrichtigen Reue sollte deine Konsequenz immer wesentlich leichter ausfallen, als wenn uneinsichtig geleugnet wird. Das hatten unsere Wildfange glücklicherweise kapiert. Wie oft stand einer mit hängenden Ohren am Gartentor und wartete sehnsüchtig auf Eberhard: „Du, Papa, mir ist da was passiert ..."

„Mein Junge, gut, daß du von selbst gekommen bist, erzähl mal ..."

Weißt du, wie Eberhard zumute war? Trotz des angerichteten Schadens war er glücklich, daß das Gewissen des Übeltäters funktionierte, und dankte Gott für die Aufrichtigkeit seines Sohnes. Denn Schuld einzugestehen, sie wieder gutmachen zu wollen und Aufrichtigkeit gehören zu den größten Tugenden im Leben.

Was tun, wenn Kinder stehlen?

Auch hierzu ein paar Auszüge aus „Papa, rück' die Scheine raus":

„Zu recht sind Eltern sehr betroffen, wenn sie ein Kind bei einem Diebstahl erwischen – ob es die Süßigkeiten der Geschwister sind, Geld aus der Haushaltskasse oder gar Gegenstände aus einem Laden.

Zwei Fragen solltest du nachgehen, wenn es dich einmal treffen sollte:

1. Was hat zu dieser Fehlhandlung geführt?
2. Wie soll ich mich jetzt verhalten?

Es gibt keine einfachen Antworten, da jedes Kind anders und jede Situation wieder neu ist. Bitte, laß dich nicht von Angst oder Ablehnung übermannen. Strafe oder Liebesentzug werden die Problematik nicht lösen. Dein Kind braucht Wegweisung und Hilfe ...

In der Fachliteratur liest man häufig: ‚Durch einen Diebstahl gibt das Kind zu erkennen, daß es psychischen Mangel leidet.' Gestohlene Süßigkeiten sollen auf ein Defizit an Liebe und Verständnis aus der Umwelt hinweisen. Werden gestohlene Dinge an Spiel- oder Schulkameraden verschenkt, sagt man, das Kind versuche, sich Anerkennung, Beachtung oder Freundschaft zu erkaufen.

Darüber hinaus kann schlichtweg Verwöhnung oder mangelnde Selbstkontrolle vorliegen. Ein Kind, das gewohnt ist, alles zu erhalten, wird schneller nach etwas Unerlaubtem greifen, wenn es seinen Wunsch nicht sofort erfüllt bekommt, als ein Kind, das Selbstbeherrschung und Verzicht gelernt hat.

Aber das ist noch nicht alles: unserer Beobachtung nach ist der Gruppendruck besonders unter jungen Teenagern in der Pubertät sehr groß. Manch ein Kind, das wirklich ehrlich bleiben wollte, kann so stark auf die Anerkennung Gleichaltriger angewiesen sein, daß es bei Streifzügen durch die Schrebergärten oder bei Kaufhausdiebstählen mitzieht, um nur nicht als Außenseiter verachtet zu werden. Und solche Kinder werden als erste erwischt, weil ihnen das schlechte Gewissen ins Gesicht geschrieben steht.

Nicht immer mußt du die Gründe bei dir oder bei anderen Personen suchen. Selbst bei vorbildlichen Eltern und guten Umweltbedingungen kann ein Kind eine eigene Entscheidung für das Böse treffen – einfach so, weil in jedem Menschen ein Hang zur Sünde steckt …

Nicht wenige Kinder erleben einen Ausrutscher und lernen daraus, sich die Finger künftig nicht zu verbrennen. Denk nur an deine Kindheit: ,Hast du niemals etwas mitgehen lassen?' Eltern müssen in der Regel erst alarmiert sein, wenn es öfters vorkommt, das Kind keine Einsicht zeigt und sich verschließt. Eine harte, verachtende Haltung bei einer Ersttat kann die Sache nur verschlimmern. Du solltest offen mit dem Kind sprechen und die in diesem Kapitel genannten Schritte barmherzig durchgehen.

Mußt du allerdings eingestehen, daß tatsächlich ein gravierender psychischer Mangel an Liebe, Verständnis und Anerkennung vorliegt, wirst du, um einschneidende Änderungen zu erreichen, deinen Lebensstil und dein Familienleben grundlegend ändern müssen. Das kann ein langer Weg werden, und viele betroffene Eltern, die ja selbst irgendwie verletzt sind und ihrerseits Liebe, Verständnis und Anerkennung brauchen, sind zunächst überfordert ...

Bei einem gefährdeten Kind solltest du Geld und Süßigkeiten stets eingeschlossen halten. Liegt die Brieftasche frei herum oder ist der Schrank mit den Naschereien stets offen, ist die Versuchung einfach zu groß.

Es muß auch durchdacht werden, ob das Taschengeld nicht zu knapp bemessen gewesen ist. Wenn ein psychischer Mangel vorliegt, raten wir, die Auszahlung übergangsweise großzügig zu erhöhen, um es dem Kind leichter zu machen, ehrlich zu bleiben. Hat es erst mal wieder eine größere psychische Stabilität erlangt, kann man weiter sehen ...

Was auch als Ursache vorgelegen haben mag, laß dich nicht zu unüberlegten Handlungsweisen und Beschuldigungen hinreißen. Vermeide jede Bloßstellung vor anderen, und achte die Würde des Kindes.

Zieh dich mit dem Kind zurück, und sprich die Situation durch, möglichst, ohne daß es wie ein Verhör wirkt. Überhäufe das Kind nicht gleich mit Fragen oder Vorwürfen, sondern gib ihm Gelegenheit, seine Empfindungen und Gedanken auszusprechen.

Gerade, wenn es das erste Mal gewesen ist, wird manch ein Kind erschrocken sein über sich und ohnehin den Vorsatz fassen, es nicht zu wiederholen. Wie schade, wenn aufgebrachte Eltern das nicht erkennen würden! Kläre dies im Gespräch. Wenn ihr anschließend Jesus um Vergebung und um Hilfe für einen Neuanfang bitten könntet, dann hättest du sehr viel erreicht.

Danach frag: ‚Tja, und wie soll es jetzt weitergehen?‘ Die meisten reumütigen Kinder werden von sich aus das Bedürfnis haben, den angerichteten Schaden wiedergutzumachen, das heißt im Klartext: gestohlene Dinge zurückgeben, zerstörte Gegenstände bezahlen und sich aufrichtig entschuldigen. Biete für diesen schweren Gang deinen Beistand und deine Hilfe an. Du zeigst dem Kind wahre Liebe und Barmherzigkeit, wenn du es begleitest. Fühlt es sich überfordert, darfst du es ihm abnehmen. In Ausnahmefällen kann eine Wiedergutmachung auch anonym erfolgen. Das hängt ganz von der Situation ab.

Ihr solltet beraten, wie die Versuchung zu einem Diebstahl künftig vermieden werden kann. Kinder sind oftmals erstaunlich einsichtig. ,Papa, ich werde nicht mehr mit dieser Clique herumziehen', könnte eine Antwort sein oder: ,Frag mich immer, wo ich hingehe'.

Großartig, wenn sich die peinliche Situation auf diese Weise lösen läßt. Nicht immer wird es so glatt verlaufen , denn nicht jedes Kind wird sich so einsichtig zeigen. Manchmal müssen zermürbende Nachforschungen betrieben und lange Verhöre angestellt werden.

Wie es auch ist, die Grundprinzipien bleiben die gleichen:

- Behalte die Ruhe.
- Laß das Kind trotz aller Betroffenheit wissen, daß du es liebst und daß du helfen willst.
- Achte dessen Würde, hüte dich vor entwürdigenden Beschimpfungen.
- Gib dem Kind Gelegenheit, seine Gefühle und Gedanken frei auszusprechen.
- Bete, daß der Heilige Geist das Kind zur Buße führt und dir deine eigenen Fehler zeigt.
- Achte auf eine Wiedergutmachung, entweder persönlich oder anonym.

In den meisten Fällen wird das ausreichen. Bei einem besonders uneinsichtigen Kind kann es angemessen sein, die Freiheit eine Zeitlang einzuschränken, die Kontrolle zu verstärken oder es zu Extraaufgaben heranzuziehen" (E. Mühlan, „Papa, ...", S. 39-44).

Bei Vertrauensbruch beziehungsweise auffälligem Verhalten kannst du auf eine oder mehrere der folgenden vier „auferlegten Konsequenzen" zurückgreifen.

Verzicht auf gewisse Privilegien

Bei euch ist dicke Luft. Dein Zehnjähriger hat sich über die abgesprochene Zeit hinaus in der Nachbarschaft herumgetrieben, rückt nicht mit der Sprache heraus und gibt sich uneinsichtig und bockig. Aber nach den Schularbeiten will er, als ob nichts gewesen wäre, durch die Tür nach draußen schlüpfen. „Hoppla hopp", sagst du, „so einfach kannst du dir das nicht machen. Bevor wir uns nicht ausgesprochen haben, bleibst du schön zu Hause."

Das wäre ein typisches Beispiel für Privilegienverlust: Dinge, die sonst für das Kind selbstverständlich sind, werden ihm vorenthalten – nicht als plumpe Strafe, sondern um es zum Nachdenken und zur Einsicht zu führen.

Hilfeleistungen

Hiermit sind Wiedergutmachungen oder Zusatzarbeiten gemeint. Ist etwas zerstört oder gestohlen worden, ist es ratsam, dies von dem Kind wieder abarbeiten zu lassen. Wenn der Wert zu hoch ist, dann natürlich nur teilweise.

Hat der kleine Bruder seiner Schwester die Schokolade „weggefuttert", dann zaubert ein gequältes „'tschuldigung" die Tafel auch nicht wieder her. Die Schwester leidet unter dem Verlust. Also kannst du ihm die Möglichkeit geben, durch eine Zusatzarbeit – die Zimmer durchsaugen, die Sandkiste gründlich aufräumen, Laub harken – zwei Mark zu verdienen, um die Schokolade zu ersetzen. Der Junge erfährt dadurch, daß alle Dinge etwas wert sind, und kann durch die Wiedergutmachung sein Gewissen entlasten. Der vergossene Schweiß wird ihn hoffentlich daran erinnern, das nächste Mal die Finger von dem Eigentum anderer zu lassen.

Hat jemand – wie seine „Aufgaben-Liste" mit vielen Strichen vorweist – eine Woche lang durch Faulheit geglänzt, kann eine Zusatzarbeit, die sich über einen freien Nachmittag erstreckt, ihn in Trab bringen, in der kommenden Woche nicht so nachlässig zu sein.

Isolieren im eigenen Zimmer

Um alle Mißverständnisse auszuräumen: damit ist kein dumpfes Vorsichhinbrüten im finsteren Kartoffelkeller gemeint, sondern eine Zeit allein im eigenen Zimmer (oder Schlafzimmer der Eltern) mit möglichst langweiligen Spielsachen (den Kassettenrecorder würden wir schnell hinausschmuggeln) und der Aufforderung, über die begangene Untat gründlich nachzudenken.

Isolieren im Zimmer bietet sich an bei Problemen im zwischenmenschlichen Bereich, zum Beispiel bei gemeinem Geschwisterstreit, bei Bockigkeit, bei hartnäckigem Lügen. Dabei scheuchst du das Kind nicht wutschnaubend und türenknallend in sein Zimmer – nein, weil du weißt, daß diese Maßnahme wirkt, kannst du gelassen bleiben, dem Kind die Ungehörigkeit seines Verhaltens noch einmal nennen und es mit der Aufforderung, sich „abzukühlen" und darüber nachzudenken, für eine Zeitlang in sein Zimmer schicken. Bei einem Vorschulkind kann eine halbe Stunde reichen, bei einem älteren können durchaus ein bis zwei Stunden angebracht sein. Im letzten Drittel der Zeit solltest du dich zu ihm setzen. In der Regel wirst du ein einsichtiges, gesprächsbereites Kind vorfinden. Ihr könnt zusammen beten und beraten, wie ihr künftig besser miteinander auskommen könnt.

Wie schon angemerkt, hilft diese Maßnahme nur bei einem geselligen Kind, das unter dem Alleinsein leidet. Ein Eigenbrötler könnte die Zeit der Ruhe sogar genießen. Für ihn wäre sicherlich eine Zusatzarbeit, die ihn von seinen Lieblingsbeschäftigungen abhält, schmerzhafter.

Körperliche Züchtigung

Es wird dich eventuell erstaunen, aber die Bibel, die soviel zu Liebe, Geduld und guter Belehrung zu sagen hat, spricht ebenso von körperlicher Züchtigung (Sprüche 13,24; 29,15). Der Einsatz von Schlägen widerspricht zunächst dem natürlichen Empfinden liebender Eltern, ist aber vom Menschenbild der Bibel her letztlich doch verständlich.

Wenn du weitere Bibelstellen (Psalm 89,31-34; Sprüche 10,13; 22,15; 26,3) hinzuziehst, liest du heraus, daß körperliche Züchtigung übereinstimmend für eine bestimmte erzieherische Situation genannt wird, nämlich bei Auflehnung gegen die elterliche Autorität und gegen klar verstandene Regeln! In den verschiedenen Übersetzungen liest du bei den genannten Versen Worte wie „Narr", „Tor", „Unverständiger";

es geht also um Personen, die die Gebote sehr wohl kennen, sich aber wissentlich oder leichtfertig darüber hinwegsetzen oder dagegen rebellieren. Denk nur einmal an einen Hofnarren früherer Zeiten. Das war kein dummer Mann, dem ein Fehler nach dem anderen passierte, sondern ein pfiffiges Bürschlein, das genau durchblickte, tat, was es wollte, und die anderen dabei zum Narren hielt, solange sie es sich gefallen ließen.

Auf solche Situationen spielen die Bibelverse an. Du wirst sie auch in deiner Familie kennenlernen: Dein Kind will dich zum Narren halten! Es kennt die Regeln, aber aus Leichtsinn oder bewußter Auflehnung setzt es sich darüber hinweg und will sehen, wer gewinnt.

Nun sind Schläge als Erziehungsmittel in unserer Gesellschaft verpönt und werden sofort mit Kindesmißhandlung gleichgesetzt. Wenn Eltern zornig und unbeherrscht ihre Kinder prügeln, ist die Grenze zu einer Mißhandlung in der Tat hauchdünn.

Unser größtes Bemühen in diesem Buch ist, Eltern eine ausgewogene Sicht zur Lenkung und Disziplinierung von Kindern mitzugeben. Nicht nur Schläge, alle Disziplinierungsmaßnahmen – selbst logische Konsequenzen – können überzogen werden und dem Wertgefühl eines Kindes schaden.

Strafe niemals im Zorn! Kindesmißhandlung geschieht, wenn Eltern außer sich sind. Wenn du die Kontrolle über dich verlierst, halte ein, und sag deinem Kind, daß du die Sache später mit ihm durchsprechen wirst. Mach nicht eher weiter, bis du ihm in einer positiven, Gott wohlgefälligen Haltung gegenübertreten kannst.

Natürlich sollte, gerade bei einem jüngeren Kind, möglichst wenig Zeit zwischen dem Vergehen und der Disziplinierung verstreichen; aber wenn du dich nur fünf Minuten zurückziehst, um deine Sinne zusammenzubekommen und um zu beten, wirst du wesentlich gefaßter sein.

Nur „kontrollierte Schläge" sind erlaubt! Züchtige dein Kind mit zwei, drei kräftigen Schlägen auf das Hinterteil. Jedes Schlagen auf den Kopf, Ohrfeigen und Schütteln des Kindes sind eine Mißachtung der kindlichen Würde.

Körperliche Züchtigung ist ein „Ereignis"! Schlag nicht einfach zu, sondern kündige es erst an. Das Kind soll sich entscheiden können, ob es den Schmerz riskieren will oder nicht.

Wenn es nicht einlenkt, such einen unbeobachteten Ort auf. Geh sicher, daß das Kind weiß, wofür es bestraft wird; beteure ihm, daß du es liebst und deshalb züchtigst, damit es das nächste Mal daran denkt, sich richtig zu verhalten. „Mein Schatz, ich habe dich viel zu lieb, als daß ich so etwas dulden kann, und darum gebe ich dir jetzt welche auf den Po!" wäre ein angemessener Ausspruch.

Tröste das Kind nach der Züchtigung, beratschlage mit ihm, wie so etwas künftig zu vermeiden ist, und betet miteinander. So verstanden, wird körperliche Züchtigung helfen, schädliches Verhalten zu vermindern.

Das wirkungsvollste Alter für Schläge zur Lenkung von Verhalten ist ab gut zwei Jahren bis zur Vorpubertät.

Viele Eltern stehen aus Verunsicherung den Zornausbrüchen, der Respektlosigkeit und dem Ungehorsam ihrer Kinder hilflos gegenüber. Manche leiden still, andere greifen zu Psychoterror, indem sie ihre Kinder zusammenschreien oder durch Verachtung strafen, und wieder andere lassen es sich so lange gefallen, bis „das Faß überläuft" und sie unbeherrscht auf ihre Kinder eindreschen. Das ist die oftmals verschwiegene Realität einer „repressionsfreien" Erziehung.

Ist es da nicht besser, Eltern ein „Aktionsmuster" in die Hand zu geben, mit dem sie rechtzeitg – und damit beherrscht und wertschätzend – einem ungebührlichen Verhalten den Riegel vorschieben können?

Wenn du bereits im Vorschulalter bei Respektlosigkeit und Auflehnung ruhig und bestimmt eine körperliche Züchtigung ankündigst und auch durchführst, wenn das Kind dich mit deinem „Versprechen" herausfordert, dann wirst du in den kommenden Jahren selten diese ungeliebte Disziplinierungsmaßnahme anwenden müssen. Bei einer guten Familienatmosphäre und bei willigen Kindern wirst du, wie wir, gar nicht nach diesem drastischen Mittel zu greifen brauchen.

Körperliche Züchtigung wird in einer Familie immer die Ausnahme bleiben müssen. Wird sie zu einer „Routinehandlung", stimmt etwas in dem gesamten „Familienhaus" nicht, und es muß grundlegend restauriert werden!

ZUM NACHDENKEN UND DISKUTIEREN

– *Frage:* Wie wirst du dich bei einem massiven Vertrauensmißbrauch wie Lügen und Stehlen oder einem auffälligen Verhalten wie Aggressivität, Geschwisterrivalität, Respektlosigkeit und Ungehorsam verhalten?
– *Aufgabe:* Stelle anhand der vier Möglichkeiten von „auferlegten Konsequenzen" ein Aktionsschema auf, mit dem du
festlegst, in welcher Situation du zu welchem Mittel greifen
willst:

– Verzicht auf gewisse Privilegien
– Hilfeleistungen
– Isolieren
– körperliche Züchtigung

Den Willen lenken ...

Du kennst sicherlich auch den Spruch deiner Eltern- und Groß-
elterngeneration: „Der Wille des Kindes muß gebrochen werden ...“

So etwas geschieht bei einer harten, überstrengen Disziplinierung und kann der Eigenständigkeit sowie dem Wertgefühl
des Kindes enorm schaden.

Dem biblischen Menschenbild entsprechend möchtest du
den Willen deines Kindes lenken und schulen, lebenstüchtige
Entscheidungen zu treffen, und zugleich das Wertgefühl des
Kindes aufbauen und nicht verletzen.

Das ist eine Aufgabe, die viel Einfühlung in das Wesen deines
Kindes und erzieherisches „Fingerspitzengefühl“ erfordert!
Aber nach dem Studieren dieses Buches und mit Gottes Hilfe
trauen wir es dir zu.

Das Ziel aller Disziplinierung ist, das Kind Selbstdisziplin
und den konstruktiven Einsatz seiner Willenskraft zu lehren!

Laß dein Kind bei Leichtsinn und Oberflächlichkeit durch
natürliche Folgen lernen, bei Regelübertretungen durch *logische
Konsequenzen* und nur bei Vertrauensmißbrauch und Auflehnung durch *auferlegte Konsequenzen*.

Der Fehler vieler Eltern ist, bei Ungeschicklichkeit oder bei
einem Versehen des Kindes ungeduldig und genervt zu reagieren und es zu hart zu bestrafen, anstatt barmherzig zu sein und
das Kind geduldig zu schulen.

Wenn du disziplinierst, richte deine Worte und deine Aktio-
nen lediglich gegen das Verhalten des Kindes, aber nicht gegen
das Selbstwertgefühl. Ein Angriff auf das Wertgefühl geschieht
ganz schnell durch verbale Angriffe, Bloßstellungen, Drohun-
gen von Liebesentzug und Ablehnung. All dies mißachtet das
Wertgefühl eines Menschen und schadet seiner Seele.

Sagst du zum Beispiel: „Mein Schatz, ich habe dich viel zu
lieb, als daß ich das jetzt dulden kann ...“, und schickst du es so
in sein Zimmer, dann wird dein „kleiner Schatz“ sehr deutlich

für sich unterscheiden können, daß dies keine Attacke auf sein Selbstwertgefühl ist, sondern der Versuch, seinen Willen zu lenken.

Nicht im Zorn!

James Dobson, nach dem am weitesten verbreiteten Erziehungsfehler gefragt, antwortet: „Meiner Meinung nach ist es der unangemessene Einsatz von Zorn in dem Versuch, die Kinder zu kontrollieren. Es gibt keine uneffektivere Methode, Menschen (jeden Alters) zu beeinflussen, als durch Gereiztheit und Zorn. Disziplinierende Maßnahmen beeinflussen das Verhalten; Zorn schafft das nicht. Ich bin von der Tatsache überzeugt, daß Ärger von Erwachsenen nichts anderes als Respektlosigkeit in den Köpfen der Kinder erzeugt" (J. Dobson, „Familienratgeber", S. 103).

Wir wissen nicht, wie du Unbeherrschtheit und Zorn im Griff hast. Auf jeden Fall kann man lernen, Ärger so zu beherrschen, daß Kinder nicht darunter leiden müssen. Laß dir eine Strategie erklären.

Aufsteigende Gefühle des Zorns sind noch keine Sünde. Unrecht geschieht erst dann, wenn du dich zu Äußerungen oder Handlungen hinreißen läßt, die dem anderen weh tun. Im Epheserbrief, Kapitel 4, Vers 26a schreibt der Apostel Paulus: „Zürnt ihr, so sündigt nicht!" (Schlachter-Übersetzung). Wir verstehen das so: Wenn Zorn in dir aufsteigt, soll ein Warnlämpchen aufleuchten, das dir sagt: „Paß auf, was du jetzt sagst oder tust!"

Zunächst zwei Dinge, wie du mit aufsteigendem Zorn *nicht* umgehen solltest:

- Verdränge deinen Zorn nicht! Wird er angestaut, führt das irgendwann zu einer „Explosion" oder zu ständiger Gereiztheit.
- Laß deinem Zorn aber nicht einfach freien Lauf! Das kann zwar im Moment auf dich befreiend wirken, aber der andere hat meistens schwer „zu schlucken". Worte können genauso schmerzen wie körperliche Schläge, denn sie verletzen die Seele!

Was kannst du also tun, um deinen Zorn in den Griff zu bekommen?

1. Gesteh dir deinen Zorn ein!
2. Leg eine *Pause* ein, wenn du merkst, daß der Zorn dich zu „übermannen" droht! Es gibt einen Punkt, an dem er anfängt, dich zu beherrschen. Hier mußt du dich entscheiden innezuhalten. Laß dich niemals unkontrolliert zu Äußerungen oder Handlungen verleiten! Es wird dir sonst hinterher leid tun. Rede oder handle erst dann, wenn dein Zorn wieder abgekühlt ist!
3. Stell dir die Frage, *warum* du zornig wirst. Doch meistens deshalb, weil es nicht nach deinem Kopf geht, du überfordert oder enttäuscht bist!
4. Bring deinen Zorn und die Ursache dafür im Gebet vor Gott.
5. Beobachte, in welchen Situationen du immer wieder außer dich gerätst (zum Beispiel bei Anspannung wegen zu wenig Schlaf, bei einem Durcheinander in der Familie wegen unklarer Regeln …), und versuche, diese von vornherein zu vermeiden bzw. zu entschärfen.

Zum Schluß: Wenn dir doch im Zorn etwas herausrutscht, bitte dein Kind oder deinen Ehepartner um Vergebung. Manchmal ist es auch gut und nötig, gemeinsam zu beten und Gott zu bitten, die entstandene seelische Verletzung zu heilen.

Wahre Autorität

Sollen wir zum Abschluß dieses Buches zusammenfassen, was uns bei einem biblisch begründeten Erziehungsstil am wertvollsten und wichtigsten geworden ist, dann ist es das bereits erwähnte Prinzip des „Bevollmächtigens" von Kindern!

Diese Gedanken haben uns immer wieder motiviert, unser Leben in unsere Kinder zu investieren: So, wie Jesus seine Jünger um sich scharte, mit ihnen lebte, sie belehrte und sie anleitete, eigenständig in seinem Namen Gottes Reich zu bauen, so wollen wir mit unseren Kindern unser Leben teilen und sie zu einem erfüllten und selbstverantwortlichen Leben vor Gott anleiten.

Jesus hatte Autorität; nicht, indem er Macht und Manipulation zu Hilfe zog, sondern, weil sie ihm von Gott gegeben war und die Jünger sie anerkannten. Jesus, als der Höchste von allen, führte das Leben eines selbstlosen Dieners und wollte eines: seine Jünger auferbauen und freisetzen! Da war keine Spur Dominanz an ihm zu finden. Und deshalb wurde seine Autorität uneingeschränkt anerkannt!

Eltern ist in gleicher Weise von Gott die Autorität über ihre Kinder zugesprochen worden, und doch gebrauchen viele sie immer wieder falsch, nämlich im Sinne von Dominanz und Zwang.

Auf welcher Grundlage steht deine Autorität?

Eltern, die in den „Fußstapfen Jesu" wandeln und durch ihren Lebensstil das Vertrauen und die Achtung ihrer Kinder haben, verfügen über wahre Autorität! Eltern, die dies nicht besitzen, müssen nach Zwang und Dominanz greifen, um Ordnung in ihrer Familie zu wahren.

Anhang

Die Skizzen auf den nachfolgenden Seiten kannst du fotokopieren und zu eigenem Gebrauch verwenden.

Ich hab's geschafft!

Name: _____ (50 Punkte)

_____ = 1 Punkt

_____ = 1 Punkt

_____ = 1 Punkt

Meine
Belohnung:

_____

_____

_____

JuHu

		49	50		

| | 45 | 46 | 47 | 48 | |

| | 41 | 42 | 43 | 44 | |

| | 37 | 38 | 39 | 40 | |

1	2	3	4	33	34	35	36	13	14	15	16
5	6	7	8	29	30	31	32	17	18	19	20
9	10	11	12	25	26	27	28	21	22	23	24

Name:

Meine täglichen Aufgaben

	Mo	Di	Mi	Do	Fr	Sa	So

Mein Wochenplan

Name 8

DIE ERZIEHUNGS-TRILOGIE (BAND 3)

Claudia & Eberhard Mühlan:

VERGISS ES, MAMA!

Tips für (angehende)
Teenager-Eltern

Wenn aus Kindern Teenager werden,
ist vieles einfach anders! Als Eltern werden Sie von
ihnen etwas zu hören bekommen, wenn Sie einfach so
weitermachen wie bisher!

Gerade für die Teenagerjahre brauchen Sie eine gut
durchdachte, umsichtige Strategie – dann können Sie
diese Erziehungsphase richtig genießen. Jede Altersstufe
birgt ihre eigenen, manchmal schmerzlichen Herausforderungen, aber auch großartige, unvergeßliche
Erlebnisse.

Wenn Sie sich darauf vorbereiten, mit Zwölf- bis
Siebzehnjährigen in der Familie zusammenzuleben –
oder schon mitten in diesem Abenteuer stecken –, dann
ist dieses Buch für Sie geschrieben! Je eher Sie es lesen,
desto besser! Es wendet sich an Eltern, die an eine
erfolgreiche Zukunft ihrer Kinder glauben und ihnen
das Beste mitgeben wollen!

Paperback, 200 Seiten, Bestell-Nr. 815 755

DER ULTIMATIVE MÜHLAN-RATGEBER!

Claudia & Eberhard
Mühlan:

DAS GROSSE
FAMILIEN-
HANDBUCH

Erziehungstips für alle
Entwicklungsphasen
Ihres Kindes

Nach 25 turbulenten Ehejahren
mit 13 Kindern haben Claudia und Eberhard Mühlan
reichlich Erfahrungen und jede Menge erprobte Praxis-
Strategien gesammelt, von denen schon unzählige
Familien profitieren konnten.

In kurzen, knackigen Kapiteln auf jeweils einer Doppel-
seite geben sie Rat in allen Fragen der Erziehung – von
der Geburt bis zum heiklen Teenageralter. Und damit bei
alledem die eheliche Beziehung nicht zu kurz kommt,
gibt es auch zum Thema Partnerschaft viel Nährstoff.

Die einzelnen Kapitel sind übersichtlich nach Stichworten
geordnet und machen das zweifarbig gestaltete Buch zu
einem stets aktuellen Nachschlagewerk für alle
Erziehungsfragen. Über 200 Fotos sowie Fragebögen,
Platz für Notizen und weiterführende Literaturhinweise
runden diese „Pflichtlektüre" für engagierte Eltern ab.

Gebunden, 280 Seiten, Bestell-Nr. 815 434

TEAM.F Seminare
rund um´s Familienleben

→ Vertiefung der Ehebeziehung
→ Familienleben und Kindererziehung
→ Familienwochen
→ Ehevorbereitung
→ Seelsorge und Familienleben
→ Ehe-Abendkurse

Weitere Informationen: TEAM.F
Neues Leben für Familien e.V.
Christliche Ehe- und
Familienseminare
Berliner Straße 16
58511 Lüdenscheid
Fon 0 23 51.8 16 86
Fax 0 23 51.8 06 64
E-Mail: info@team-f.de
Internet: www.team-f.de